Inhalt

Einführende Erläuterung

Die gesellschaftliche Eingebundenheit der Medizin und der Zwang zu geschlechtlicher Eindeutigkeit

Die Angleichung an die gesellschaftliche Norm

»Etliche Betroffene sind aufgrund der früher erfolgten medizinischen Eingriffe so geschädigt, dass sie nicht in der Lage sind, einer normalen Erwerbstätigkeit nachzugehen, oder sie sind infolge der Eingriffe schwer behindert.«
(Deutscher Ethikrat 2012: S.165)

»Intersexualität – Überleben zwischen den Geschlechtern« lautete im Sommer 2000 der Titel von Heft acht der *GiGi – Zeitschrift für sexuelle Emanzipation*. Um ein *Überleben* ging und geht es für die Intersexe in der aktuellen Gesellschaft tatsächlich. Bei ihnen treten weibliche und männliche Bestandteile des Genitaltraktes gemeinsam, also an ein und demselben Menschen, auf. Vom *Überleben* muss gesprochen werden, nicht etwa weil die körperliche Besonderheit lebens- oder gesundheitsbedrohlich wäre. Das ist sie nicht, und nur in wenigen Fällen liegen tatsächlich die Gesundheit bzw. das Leben bedrohende Begleiterscheinungen wie Salzverlust vor, die medizinisch behandelt werden müssen. Eine eindeutige Zuweisung zu weiblichem oder männlichem Geschlecht ist aber selbst dann medizinisch nicht notwendig. Dennoch wird sie, verbunden mit massiven chirurgischen und hormonellen Eingriffen, bei Intersexen weiterhin verbreitet im Säuglings- und frühen Kindesalter vorgenommen. Seit den 1990er Jahren gibt es gegen diese Praxis, die auf eine Angleichung an die gesellschaftliche Norm zielt, Widerstand der so behandelten Menschen. Sie beschreiben, dass und wie diese Behandlungen für sie gewaltvoll und traumatisierend waren. Vom *Überleben* von Intersexen muss also auf Grund zweigeschlechtlicher gesellschaftlicher Norm und der auf ihr basierenden medizinischen Interventionen gesprochen werden.

Ende Februar 2012 veröffentlichte der Deutsche Ethikrat – ein vom Deutschen Bundestag und der Bundesregierung eingesetztes Gremium – seine Stellungnahme

»Intersexualität«. Darin kritisiert er die gesellschaftliche zweigeschlechtliche Normierung. Er empfiehlt der gesetzgebenden Gewalt, von der bisherigen Regelung zum Geschlechtseintrag im Personenstandsgesetz abzugehen, in der lediglich die Optionen »weiblich« oder »männlich« vorgesehen sind. Der Ethikrat plädiert dafür, eine dritte Option hinzuzufügen, die auf Intersexe angewendet werden könnte. Als Geschlecht könnte damit bei einem Kind »weiblich«, »männlich« oder beispielsweise »anderes« vermerkt werden. Damit nimmt der Ethikrat eines der Anliegen der Intersex-Bewegung auf, wenn auch ihre Forderungen in dieser Frage weitergehen. Eine zu schaffende dritte Kategorie müsse diskriminierungsfrei sein und für sich allein als eigenes Geschlecht bestehen können, so die Intersex-Verbände. Begriffe wie »anderes« oder »dazwischen«, die über die gesellschaftlich dominanten Geschlechter »Mann« und »Frau« bestimmt werden, scheiden damit als Möglichkeiten aus. Stattdessen könnte die dritte Kategorie beispielsweise »Zwitter« oder »Intersex« lauten. Aus anderen Positionen zum Geschlechtseintrag wird dafür argumentiert, diesen als überflüssig zu erkennen und vollständig entfallen zu lassen.

Der *zentralen Forderung der Intersex-Verbände* nach dem Ende der chirurgischen und hormonellen medizinischen Eingriffe im frühen Kindesalter folgte der Ethikrat dagegen nicht. Zwar diskutierte auch er die unterschiedlichen Positionen in der Debatte. Auch beschrieb er das Leid und die Unzufriedenheit eines großen Teils der befragten Intersexe mit den Behandlungen. Zu einer grundsätzlichen Abkehr von den medizinisch nicht notwendigen Interventionen im frühen Kindesalter mochte er sich in seiner Empfehlung hingegen nicht durchringen. Auch bezog er die aktuellen internationalen wissenschaftlichen Erkenntnisse, die die medizinischen Behandlungen evaluierten (so genannte »Outcome-Studien«), in seine Stellungnahme nicht ein, sondern stützte sich lediglich auf zwei weiter zurückliegende deutschsprachige Arbeiten und eine kleinere eigene Online-Befragung. Aber auch diese Studien beschreiben Leid, Traumatisierungen und Behandlungsunzufriedenheit der behandelten Intersexe. Gleichzeitig blieb der Ethikrat einseitig bei einer medizinisch geprägten Terminologie und Darstellung von Intersex, die von den Intersex-Verbänden kritisiert wird. Die Verbände fordern, dass von der Darstellung von Intersex als Krankheit abgegangen und stattdessen von *Varianzen und Besonderheiten des Geschlechts und der Geschlechtsentwicklung* gesprochen werden solle. Für eine unparteiische Stellungnahme des Ethikrates wäre es notwendig gewesen, die vertretenen Positionen gleichberechtigt zu berücksichtigen.

Über diese Versäumnisse kann nicht hinweggegangen werden, weil dem Deutschen Ethikrat die Funktion eines Beratungsgremiums des Bundestages und der Bundesregierung zukommt. Demokratisch gewählte Abgeordnete verlassen sich, selbst meist nur unzureichend mit der Materie vertraut, oft auf die vermeintlich unabhängigen und gut informierten Stellungnahmen dieses Gremiums. Seine Veröffentlichungen erhalten damit ein erhebliches Gewicht in der Debatte. Die weitere Aushandlung in gesellschaftlichen Diskussionen wird erschwert, weil eine Stellungnahme des Ethikrates als gut begründet und allseitig informiert erscheint, quasi als »Schlusspunkt in der Debatte«.

Doch die Debatte wird weitergehen. Dieser Band soll dafür den Beitrag leisten, die Erkenntnisse aus neueren Studien zu den Ergebnissen der medizinischen Behandlungen von Intersex und der Zufriedenheit von Intersex-Personen einzubeziehen. Entsprechend werden die Studienergebnisse ausführlich dargestellt und – unüblich für die Reihe *Unrast transparent* – die Einzelstudien in einem Literaturverzeichnis aufgeführt.

Ein weiterer Punkt, der in diesem Band behandelt wird, ist nicht weniger wichtig, weil damit die gesellschaftliche Eingebundenheit der medizinischen Behandlungen klar wird. In vielen der aktuellen wissenschaftlichen Publikationen zu Intersex erscheint es so, als wäre die medizinische Behandlungspraxis, Geschlecht chirurgisch im Säuglings- oder frühen Kindesalter zu vereindeutigen, in den 1950er Jahren quasi »vom Himmel gefallen«. Das ist sie keineswegs, vielmehr ist sie ein weiteres Ergebnis gesellschaftlicher Geschlechterordnung, in der ein Zwang zu eindeutiger Geschlechtlichkeit »weiblich« oder »männlich« besteht. Daher wird in diesem Band die Genese der europäischen Geschlechterordnung mit ihrem Zwang zu geschlechtlicher Eindeutigkeit und Widerspruchsfreiheit nachgezeichnet. Es wird sich zeigen, dass der gesellschaftliche Rahmen auch die Forschungsfragen und die fortentwickelten Techniken der Medizin prägte und prägt. Das medizinische Einschneiden in den Körper sowie sein physisches und physiologisches Verändern erweisen sich damit als direkte Fortsetzung zweigeschlechtlicher gesellschaftlicher Norm.

Da sich aktuell zeigt, dass die strukturell verankerte Intoleranz gegenüber geschlechtlicher und sexueller Vielfalt abnimmt und vielfältige und individuelle geschlechtliche Identitäten gesellschaftlich anerkannt werden, zerfällt auch der Begründungszusammenhang für die geschlechtszuweisenden medizinischen Interventionen gegen Intersexe.

Einführende Erläuterungen

Begriffliche Erläuterungen: Hermaphroditismus – Intersexualität – DSD – Intersex

Schon die Terminologie stellt in der Debatte um Intersex eine Herausforderung dar. Daher sollen hier die wichtigsten Fachausdrücke erläutert werden.

Hermaphroditismus ist der historisch älteste Begriff, der im Zusammenhang mit uneindeutigem Geschlecht verwendet wird. Er geht bis auf sehr alte Mythen zurück. So breitete sich im 4. Jahrhundert unserer Zeitrechnung ein über Zypern kommender religiöser Kult in Griechenland aus, in dem *Hermaphroditos* verehrt wurde. Bei Hermaphroditos handelte es sich der griechischen Sage nach um den Sohn der Gottheiten Aphrodite und Hermes. Als Hermaphroditos auf Wanderschaft bei Halikarnassos in einer Quelle badete, erblickte ihn dort die Nymphe mit dem Namen Salmakis. Sie verliebte sich augenblicklich in ihn. Da er ihre Liebe nicht erwiderte, rief sie die Götter an, sie mit Hermaphroditos zu vereinigen. Das geschah, und sie und Hermaphroditos wurden zu einem zweigeschlechtlichen Wesen. Die Mythe ist ausführlich in Ovids *Metamorphosen* nachzulesen. Der Begriff *Hermaphroditismus* wurde die zentrale Bezeichnung uneindeutigen Geschlechts in den historischen literarischen und wissenschaftlichen Betrachtungen. Bis zum beginnenden 20. Jahrhundert war es, neben *Zwitter* und *Zwittrigkeit*, der wichtigste Begriff, mit dem geschlechtliche Uneindeutigkeit bezeichnet wurde. In der medizinischen Klassifikation war *Hermaphroditismus* bis vor wenigen Jahren gebräuchlich.

Anders als der Begriff Hermaphroditismus, der so gelesen werden kann, dass ein Mensch *Merkmale beider Geschlechter trägt*, aber auch so, dass seine geschlechtlichen Merkmale keins von beiden, sondern ein *Dazwischen* darstellten, wird der Interpretationsspielraum bei den Begriffen *Intersexualität* und *Intersex* enger. Hier zeigt bereits die Begriffsbildung mit der Vorsilbe »Inter-« an, dass lediglich ein *Dazwischen* zugelassen wird. Die Begriffe *Intersexualität* und *Intersex* wurden in den Jahren 1915/16 von Richard Goldschmidt geprägt. Goldschmidt verband mit ihnen die Auffassung, dass es bei der Ausbildung geschlechtlicher Merkmale auch beim Menschen eine »lückenlose Reihe« geschlechtlicher Zwischenstufen – zwischen »weiblich« und »männlich« – gebe. Obwohl er als Genetiker auf der Basis der Erbanlagen (Chromosomen) lediglich zwei geschlechtliche Ausprägungsformen zu Grunde legte, kam er so dennoch bei einer vielfältigen und individuellen Ausgestaltung von Geschlecht bei den ausgebildeten körperlichen Merkmalen an. *Intersexualität* und *Intersex* wurden zu medizinisch gebräuchlichen Begriffen, und sie sind zentrale Begriffe, mit denen sich Intersexe bezeichnen und die medizinische Behandlungspraxis problematisieren.

Die Abkürzung *DSD* steht für die englische Bezeichnung *Disorders of Sex Development*. Übersetzt in deutsche Sprache bedeutet sie »Störungen der Geschlechtsentwicklung«. Diese Bezeichnung geht auf eine internationale Konferenz im Jahr 2005 in Chicago zurück. Sie wurde eingeführt, um die zum Teil sehr unterschiedliche Begriffsverwendung in medizinischen Kontexten zu vereinheitlichen und zu vereinfachen. Auch die medizinische Klassifikation wurde auf Grundlage von *DSD* verändert. In diese wurden nun die als Geschlechtschromosomen bezeichneten Chromosomen X und Y einbezogen. Beispielsweise soll die Bezeichnung *XX, DSD* nun benennen, dass ein Mensch über einen als »typisch weiblich« betrachteten Chromosomenbestand

(XX) verfüge, sich aber die ausgeprägten körperlichen Merkmale mehr oder weniger deutlich »in männlicher Richtung« ausgeprägt hätten. Der Begriff *DSD* wurde rasch von Intersex-Verbänden kritisiert, weil mit ihm das Gewicht auf »Störung« gelegt und damit die Einordnung geschlechtlicher Uneindeutigkeit als Krankheit weiter zementiert werde. Während die Begriffe *Intersexualität* und *Intersex* ein positives Identifizieren und gemeinsames politisches Streiten durchaus möglich machten, sei es nur schwer denkbar, sich unter der Syndrom-Bezeichnung *DSD* zusammenzufinden.

Intersex-Verbände orientierten sich entsprechend weiterhin an den Begriffen *Intersexualität* und *Intersex* für ihre Selbstbezeichnung. Unterdessen wird nun auch verschiedentlich angeregt, von dem Begriff *Intersexualität* abzugehen, da er im deutschen Sprachraum im Sinne einer sexuellen Orientierung oder sexuellen Identität missverstanden werden könne. Diese Möglichkeit zum Missverständnis kommt im Zuge der mittlerweile verbreiteten medialen Betrachtungen und populären Diskussionen um *Intersex* auf. In diesen Debatten sind auch häufig interessierte Menschen präsent, die sich nur wenig mit *Intersex* beschäftigt haben und damit den Begriff missverstehen können. Aus den Intersex-Verbänden wird daher heute vermehrt angeregt, auf den Begriff *Intersexualität* zu verzichten und durch die Verwendung der Begriffe *Intersex* und *Intergeschlechtlichkeit* hervorzuheben, dass es um geschlechtliche Merkmale geht und nicht um sexuelles Begehren.

In diesem Beitrag wird der Anregung der Intersex-Verbände gefolgt und der Begriff *Intersex* verwendet. Der Begriff *DSD* wird auf Grund seiner krankheitszuschreibenden Wirkung als problematisch betrachtet und nur dort angewandt, wo er zur Beschreibung der aktuellen medizinischen Daten unumgänglich erscheint, beispielsweise wenn Ergebnisse der Studien zitiert werden. Für die Zeit vor dem Aufkommen des Begriffs *Intersex* im Jahr 1915 wird, um historisch präzise zu sein, auf ihn verzichtet und stattdessen beispielsweise ausschließlich der ältere Begriff *Hermaphroditismus* genutzt oder einfach die übergreifende Bezeichnung *uneindeutiges Geschlecht* herangezogen.

Das medizinische Behandlungsprogramm

Die Behandlungsempfehlungen, auf deren Basis bis heute die das Geschlecht vereindeutigenden chirurgischen und hormonellen Behandlungen, beginnend im frühen Kindesalter, stattfinden, gehen insbesondere auf die Arbeiten von John Money, Joan G. Hampson und John L. Hampson zurück. Sie beschrieben in den 1950er Jahren, dass Chromosomen, Keimdrüsen (Hoden und Eierstöcke), Hormone, innere und äußere Genitalien keine zuverlässige Auskunft über die sich bei einem Menschen entwickelnde *Geschlechtsrolle* geben würden. Als *Geschlechtsrolle* verstanden sie dabei die entweder weibliche oder männliche Rolle, die der sich entwickelnde Mensch später in der Gesellschaft einnehmen werde. Dabei bezogen sie Kleidung, Verhaltensmerkmale, auszuübende Berufe und sexuelles Begehren mit ein. Während an Hand der körperlichen Merkmale die sich ausbildende Geschlechtsrolle nur sehr unzuverlässig vorherzusagen sei, stellten die drei Autor_innen eine zuverlässigere Voraussagemöglichkeit für das bei der Geburt zugewiesene Geschlecht fest. Werde etwa ein Kind als Mädchen aufgezogen, entwickle es später eine weibliche Geschlechtsrolle. Werde es als Junge aufgezogen, etabliere sich eine männliche Geschlechtsrolle. Nach dem Eintrag des Geburtsgeschlechts komme eine Erziehung in Gang, in der das Kind stets als Mädchen oder als Junge angesprochen, also stets mit seinem Geschlecht konfrontiert werde. Ein Kind, das keine eindeutige Geschlechtszuweisung erfahre, sei nach Ansicht der Autor_innen gefährdet.

Es durchlaufe dann möglicherweise keine »normale« psychische Entwicklung. Insbesondere die psychosexuelle Entwicklung könne »gestört« sein und sich etwa homosexuelles Begehren und Verhalten ausprägen.

Interessant und bedeutsam für die weiteren Betrachtungen ist hier, dass die Vermeidung homosexuellen Verhaltens als ein zentrales Argument für die eindeutige Geschlechtszuweisung der Kinder angeführt wurde. In den prüden 1950er Jahren war die Verhinderung von Homosexualität gesellschaftlich verbreitetes Interesse. In der Bundesrepublik Deutschland war es die für Homosexuelle so furchtbare Adenauer-Zeit, in der die Nazi-Fassung des §175, der gleichgeschlechtlichen Sex unter Männern unter Strafe stellte, fortbestand und zehntausende Verurteilungen erfolgten. Auch in den USA, in denen Money und die Hampsons lebten und arbeiteten, war die Gesellschaft prüde und homophob. So zentral das Argument, Homosexualität zu vermeiden, für die eindeutige Geschlechtszuweisung war und teilweise noch ist, so klar wird, dass wenn eine Gesellschaft sexuell und geschlechtlich pluraler und zugleich »homophiler« wird, damit auch das »Kartenhaus der Begründungen« für das derzeitige medizinische Behandlungsprogramm gegen Intersex nachhaltig ins Wanken kommt. (Auf Grund der transphoben Ausfälle des *taz*-Autors Jan Feddersen ist hier eine Anmerkung nötig: Die eine Zeit lang verbreitete, aber längst revidierte Denkfigur, dass Trans*-Menschen durch eine Angleichung der Geschlechtsmerkmale der Diskriminierung auf Grund von Homosexualität entgehen wollten, spottet jeder Realität. Transphobie ist selbst unter Schwulen und Lesben nicht selten und körperliche Übergriffe gegen Trans*-Menschen kommen vor. Emanzipatorisches Streiten richtet sich daher darauf, Selbstbestimmung jedes Menschen über sich zu erreichen – auch über Sexualität und über geschlechtliche und andere körperliche Merkmale. Gesellschaftlich sind diesbezüglich einige positive – pluralisierende – Veränderungen in Gang, die hier gemeint sind.)

Auf dieser psychologischen Grundlage entwickelten Money, Hampson und Hampson das Behandlungsprogramm für uneindeutiges Geschlecht. Da die Autor_innen in Baltimore (USA) arbeiteten, wird das Programm oft auch als »Baltimorer Behandlungsprogramm« bezeichnet. Auf Grund der Orientierung an der Ausbildung einer eindeutigen Geschlechtsrolle »Frau« oder »Mann« ist für das Programm auch der Begriff *Optimal Gender Policy* gebräuchlich (im Sinne: *»Behandlung auf eine eindeutige und optimale Geschlechtsrolle hin«*). Die Autor_innen rieten, bei uneindeutigem Geschlecht die Genitalien zu vereindeutigen, um dem Kind eindeutige geschlechtliche Erfahrungen und das Hineinwachsen in eine eindeutige Geschlechtsrolle »Frau« oder »Mann« zu ermöglichen. Uneindeutige Genitalien würden hingegen das Risiko erhöhen, dass ein Kind keine eindeutige Geschlechtsrolle annehme. Damit die Behandlung möglichst erfolgreich sei, sollten die chirurgischen Eingriffe vor dem 18. Lebensmonat erfolgen, da danach bis etwa zum vierten Lebensjahr die intensivste Phase des Erlernens der Geschlechtsrolle stattfinde. Das Kind und später auch der erwachsene Mensch sollte von den Eingriffen nichts erfahren, um psychische Probleme zu vermeiden, die mit der Kenntnis eigentlich vorliegenden uneindeutigen Geschlechts verbunden sein könnten.

Zentral in der Behandlung waren zunächst das Erscheinungsbild der Genitalien und eine vorausgesetzte heterosexuelle Funktion – die Frau sollte penetriert werden, der Mann penetrieren können. Weitere Funktionen wie das Wasserlassen waren weniger im Blick, die sexuelle Erregungsfähigkeit spielte zunächst keine Rolle. So wurde die Klitoris bei weiblicher Zuweisung oft vollständig entfernt. Erst mit neuen technischen Möglichkeiten wurden zunehmend auch die Sensibilität von Klitoris und Eichel berücksichtigt. Aber auch die so behandelten Menschen klagen vielfach über Schmerzen beim Wasserlassen ebenso wie über sexuelle Beeinträchtigungen. In den allermeisten Fällen – etwa 90 Prozent – wurde eine Geschlechtszuweisung in weiblicher Richtung vorgenommen. Das hatte insbesondere technische Gründe, so galt und gilt es teilweise noch immer technisch als »einfacher«, eine Vagina herzustellen als einen Penis.

In Baltimore entwickelt, fand das Behandlungsprogramm international Verbreitung, auch im deutschsprachigen Raum. Untersuchungsergebnisse wurden international vorgestellt, die Fortentwicklung der konkreten Handlungsoptionen erfolgte ebenfalls in internationalen Kontexten. Und auch die nun stattfindendenden Erhebungen der Ergebnisse der Eingriffe und der Zufriedenheit der Behandelten lässt sich nicht aus einem solchen internationalen Rahmen herauslösen. Bei der medizinischen Behandlung wurde vor ein paar Jahren das Schweigegebot aufgegeben – nun soll der behandelte Intersex später über die Diagnose und die Eingriffe informiert bzw. begleitend zu den Eingriffen altersgerecht aufgeklärt werden.

Die Formierung der Intersex-Bewegung und ihr Streiten

Die Intersex-Bewegung kam zu Beginn der 1990er Jahre auf. Das erscheint auf den ersten Blick als »ziemlich spät«. Dabei muss allerdings bedacht werden, dass die ersten der nach dem Baltimorer Behandlungsprogramm behandelten Menschen da gerade Mitte 30 Jahre alt waren. Gemäß dem Behandlungsprogramm hatten sie von den Gründen, warum sie immer wieder ins Krankenhaus mussten, nichts erfahren. Oftmals erst spät und erst nachdem sie es individuell wiederholt mit Nachdruck einforderten, erhielten sie Zugang zu ihrer Diagnose und ihren Behandlungsakten. Aber selbst dann blieb es für die Einzelnen schwierig, sich mit anderen Menschen zusammenzutun, die ebenfalls Erfahrungen mit dem Behandlungsprogramm gemacht hatten. Stattdessen wird oft berichtet, dass man sich mit der Diagnose allein fühlte. Für die Vernetzung von Intersexen und schließlich für das Entstehen von Intersex-Verbänden waren so die mit dem Internet einhergehenden neuen Informations- und Kommunikationsmöglichkeiten bedeutsam. Sie ermöglichten, sich auszutauschen, sich gegenseitig zu unterstützen und gemeinsam gegenüber Mediziner_innen aufzutreten.

Einen wichtigen Ausgangspunkt nahm die sich etablierende Intersex-Bewegung in den USA. Die dortige Entwicklung skizzierte sehr gut Katrina Karkazis in ihrem Buch *Fixing Sex* aus dem Jahr 2008. In den USA bildeten sich Gruppen heraus, die sich entsprechend der medizinischen Klassifikationen an Hand der Diagnosen (beispielsweise »Klinefelter-Syndrom«, XY-Frauen) zusammenfanden und in denen Menschen mit ähnlicher medizinischer Diagnose und Behandlung einander bzw. Eltern Unterstützung leisteten. Diese »supporter groups« (»Unterstützungsgruppen«) haben sich etabliert. Ein Intersex-Aktivismus, der übergreifend agiert und unter anderem Veränderungen im medizinischen Behandlungsprogramm einfordert, ist zentral mit dem Namen Cheryl Chase verbunden. Chase begründete, angeregt durch den 1993 erschienenen Aufsatz *»The five sexes«* (»Die fünf Geschlechter«) von Anne Fausto-Sterling, die Intersex Society of North America (ISNA), die erste Vertretung für »Patientenrechte« für Intersex-Personen. Auch ein bereits 1990 erschienener Artikel von Suzanne J. Kessler *(»The medical construction of gender«; dt.: »Die medizinische Herstellung des Geschlechts«)* wird in diesem Zusammenhang bedeutsam, der zunächst wenig Aufmerksamkeit erfahren hatte. Chase nahm mit beiden Wissenschaftler_innen Kontakt auf und organisierte die erste Intersex-Selbstvertretung. Die ISNA wird in der Folge und ist heute die wichtigste oder zumindest eine der bedeutendsten Intersex-Vereinigungen. Informationen finden sich auf: *www.isna.org*.

Auch im deutschsprachigen Raum gründeten Intersex-Personen seit den 1990er Jahren Interessenvertretungen. Sie kritisierten und kritisieren insbesondere die medizinischen Behandlungen – die als massive Gewalterfahrungen und traumatisierend beschrieben werden –, das Vorenthalten von Informationen durch Medizin und Eltern (bzw. Sorgeberechtigte) sowie das Nutzen von intersexuellen Menschen als Anschauungsobjekte für das Medizinstudium und als Objekte der theoretischen Wissenschaften, sei es in der Medizin oder neuerdings in der sozialwissenschaftlich geprägten Geschlechterforschung. Sie forderten und fordern, dass die geschlechtszuweisenden Operationen beendet werden. Eines der frühen und auch international bedeutsamen Ereignisse war der Vortrag des Intersex-Aktivist_en Michel Reiter, der bei der wissenschaftlichen Fachtagung der *European Federation of Sexology* (»Europäische Vereinigung für Sexologie«) im Juni 2000 in Berlin den Vortrag *»Medizinische Intervention als Folter«* hielt. Der Vortrag wurde von *»GiGi – Zeitschrift für sexuelle Emanzipation* dokumentiert (Heft 9 [2000]; online: http://www.gigi-online.de/intervention9.html). Michel Reiter führte unter anderem aus:

> »›Wärst Du lieber ein Junge geworden‹, wird das Kind von einer Psychologin gefragt. ›Nein‹, antwortete es, ›dann müßte ich tun, was die Jungen tun müssen und als Mädchen muß ich tun, was man von Mädchen erwartet.‹ Was will uns diese Antwort sagen? Nichts, außer daß dieses Kind gelernt hat, wie man richtig zu antworten hat, um sich zusätzlichen Ärger zu ersparen. In die medizinischen Akten wird der Befund eingehen: ›Frisches, schlankes Mädchen, das im Alter

von 11 Jahren jetzt genau die durchschnittliche Größe und das durchschnittliche Gewicht aufweist.‹ Gut gelungenes Frischfleisch, zudem jenseits aller Erwartungen belastbar, denn Hochleistungssport, 17 operative Eingriffe, Medikation mit Dexamethason, hunderte gynäkologische Untersuchungen und Blutabnahmen, Handröntgen- und Genitalnahaufnahmen sowie permanente psychologische Kontrollen müssen wirklich überlebt werden. Was aber sagt uns diese Quantität der Eingriffe, die einzig dem offiziellen Ziel einer heterosexuellen Funktionsfähigkeit und der Idee einer vereindeutigten Geschlechtsidentität geschuldet sind? Nichts, außer einer Anleitung, wie man Menschen psychisch brechen kann und Menschenversuche diskret formuliert.

Der Mensch, von dem hier die Rede ist, steht heute vor Ihnen. Nach 14 Jahren Verzögerung, analog der Dauer jener sogenannten Behandlungen, hat er gelernt, sich zu artikulieren. Die medizinischen Texte sind bekannt und ihr Inhalt ist indiskutabel, da ein entmenschlichter, pathologischer Blick per se keine Erkenntnis zuläßt. Das Bundesministerium für Gesundheit sagt es deutlich: In den 60er Jahren wurde versucht, ein körperliches Phänomen in den Griff zu bekommen. Dieses Vorhaben aber ist nicht gelungen, denn Brachialgewalt, die bereits in frühen Jahren beginnt, Geschlechterkonfusion der Eltern und fehlgeleitete Medikation können nur zum Gegenteil des Angestrebten führen. Heino Mayer-Bahlburg irrt gewaltig, wenn er konstatiert: ›Will man die Risiken späterer Geschlechtsanpassungen minimieren [...], sind Frühdiagnose und eine frühzeitige chirurgische Korrektur der äußeren Genitalien [...] auch weiterhin wichtig.‹ «

Reiter setzt fort:

»Werden Kritiken an den geschlechtlichen Assimilationsmethoden laut, wie in den USA seitens der Intersex Society of North America (ISNA) oder der AGGPG [Arbeitsgruppe gegen Gewalt in der Pädiatrie und Gynäkologie, gegründet 1996; Anm. HV] in Deutschland formuliert, versucht man diese zuerst zu Spinnern zu erklären; und nützt dies nichts, werden Übernahmeangebote an die Aktivisten getätigt, indem man

> ihnen eine wissenschaftliche Karriere in Aussicht stellt und sie an einer Modifikation ihrer Behandlungen beteiligt. Gleichfalls versichert man, vor allem gegenüber der Öffentlichkeit, die Eingriffe humaner zu gestalten, indem die Quantität der chirurgischen Eingriffe reduziert, ihre Qualität und eine psychotherapeutische Hilfeleistung dagegen expandiert werden. Beweise für diese Behauptungen werden nicht geliefert. Man spricht von Fehlern in der Vergangenheit und den technischen Weiterentwicklungen heute und in Zukunft. Daß es dabei ungebrochen um des Gärtners Vorstellungen geht, um viel Geld und Forschungsmaterial, um Prestige und Macht, aber niemals um den Menschen, fällt dort nicht weiter auf, wo die erwachsenen Konsumenten, namentlich die Eltern hermaphroditischer Kinder und allgemein der Geschlechterpartizipanten, an Geschlechterbildern, Glück und Normativität glauben wollen und der Staatsapparat seine von ihm kreierten sozialen Probleme an Normierungsinstanzen delegiert.«

Die von Reiter vorgebrachten Argumente erscheinen überraschend gegenwärtig. Noch immer verweisen Mediziner_innen nicht selten auf eine aktuelle und zukünftige Verbesserung der Techniken und Behandlungsergebnisse. So schreibt der Urologe Richard S. Hurwitz im Jahr 2011 zu feminisierenden – also weibliches Geschlecht herstellenden – Eingriffen:

> »We now have at our disposal the knowledge and the techniques to perform a careful and successful feminizing genitoplasty that includes preserving sensation to the clitoris, exteriorizing the vagina with techniques that minimize chances of stenosis, and making the cosmetic result as natural as possible.« (Hurwitz 2011: S.171; dt.: »Wir haben jetzt das Wissen und die Techniken zu unserer Verfügung, um die feminisierende Korrektur der Genitalien achtsam und erfolgreich durchzuführen und dabei die Sensibilität der Klitoris zu erhalten, die Vagina so anzulegen, dass die Wahrscheinlichkeit einer Verengung minimiert wird, und das kosmetische Ergebnis so natürlich wie möglich zu machen.«)

Das Motiv in der Diskussion, auf aktuelle und zukünftige Entwicklungen zu verweisen, die allerdings erst später evaluiert werden könnten, prägt noch immer einige medizinische Positionierungen. Beschreibungen schlechter Behandlungsergebnisse und traumatisierender Erfahrungen werden als Überbleibsel vergangener schlechter Medizin, die nicht über ausreichende Kenntnisse und Techniken verfügte, hingestellt. Verfährt man so, entzieht man sich der Kritik der Intersex-Verbände – nun nicht mehr so deutlich wie bei Reiters Rede, vor der zahlreiche Sexologen den Saal verließen, sondern auf andere Weise. Es wird sich im Verlauf dieses Bandes zeigen, dass die vermeintlichen Verbesserungen bei Betrachten der Studien zu den Behandlungsergebnissen keineswegs klar sind, wie es in der euphorischen Positionierung von Hurwitz erscheint. Gleichzeitig wird die Anregung von Reiter verfolgt, den gesellschaftlichen Druck – und Veränderungen bei diesem –, der auch Mediziner_innen erst zu den geschlechtszuweisenden Interventionen drängt, in den Blick zu nehmen.

Ein weiteres zentrales Ereignis in der von den Intersex-Verbänden im deutschsprachigen Raum vorangebrachten Debatte ist die Aufforderung des *UN-Ausschusses zur Überwachung des »Internationalen Übereinkommens zur Beseitigung jeder Form von Diskriminierung der Frau« (»Convention on the Elimination of All Forms of Discrimination against Women«, CEDAW)*. Nach Prüfung eines von Intersex-Verbänden erarbeiteten und übergebenen *»Schattenberichts«* im Jahr 2011 (*Parallelbericht 2011;* online: http://intersex.schattenbericht.org/) forderte dieses UN-Gremium die Bundesregierung auf, Maßnahmen zu ergreifen, die den Schutz der Menschenrechte von Intersex-Personen in der Bundesrepublik Deutschland sichern. Das war Anlass für die Bundesregierung, den Deutschen Ethikrat mit der Erarbeitung der Stellungnahme zu beauftragen, die 2012 vorgelegt und eingangs bereits zitiert wurde.

Das Streiten der Intersex-Bewegung und ihre öffentlichkeitswirksamen Aktionen haben eine Debatte in Gang gebracht, die mittlerweile breite mediale Resonanz erfährt. Es sind Filme – insbesondere Dokumentationen – erschienen, in denen die Behandlungspraxis zu Intersex problematisiert wird. Empfehlenswert sind hier unter anderem *Das verordnete Geschlecht* (2001), *Tintenfischalarm* (2006), *Die Katze wäre eher ein Vogel* (2007) und *XXY* (2007). Selbst in der Krimi-Reihe *Tatort* ist mit der Folge *Zwischen den Ohren* Intersex als gesellschaftlich relevant thematisiert wurden. Auch in vielen bundesweiten und regionalen Zeitschriften und Zeitungen wurde Intersex thematisiert. Für einen guten Zugang empfohlen sei überdies die Autobiographie von Christiane Völling *»Ich war Mann und Frau«: Mein Leben als Intersexuelle* (2010) und der eingängige Band *1-0-1 (one 'o one) intersex – Das Zwei-Geschlechter-System als Menschenrechtsverletzung* (2005).

Und auch in den medizinischen Fachdisziplinen haben um die bisherigen Behandlungsprogramme zumindest Diskussionen begonnen, die davon geprägt sind, den geschilderten Erlebnissen der Intersex-Personen Rechnung zu tragen und eine möglichst breite Selbstbestimmung der zu behandelnden Menschen zu gewährleisten (und nicht etwa stellvertretend Eltern oder Betreuende entscheiden zu lassen). Allerdings ist Diskussion zu wenig. Dafür kann man sich auch gern Zeit nehmen. Aber: Will man ausführlich diskutieren, ist zumindest ein Moratorium der aktuellen Behandlungspraxis angezeigt, da mittlerweile die Beweise erdrückend sind, dass die medizinischen Eingriffe zu Leid und Traumatisierungen vieler Behandelter führen; zudem sind sie medizinisch nicht notwendig, um das Leben und die Gesundheit bedrohende Zustände abzustellen.

Die gesellschaftliche Eingebundenheit der Medizin und der Zwang zu geschlechtlicher Eindeutigkeit

Medizin orientiert eigentlich darauf, dem Menschen zu nützen, nicht ihm zu schaden. Das erweist sich bei einem Blick auf die medizinethische Literatur rund um den *Hippokratischen Eid* und das *Genfer Gelöbnis*. Gleichzeitig ist die Medizin tief in der Gesellschaft verankert. Das zeigt sich nicht zuletzt daran, dass historisch unterschiedliche Erkrankungen beschrieben wurden. So war beispielsweise *Depression* als umfassendes Krankheitsbild bis zur europäischen Moderne nicht bekannt. Barbara Duden hat in *Geschichte unter der Haut* gezeigt, wie sich das Verständnis und auch das Erleben von Körperlichkeiten zeitlich veränderten. Für Geschlecht ist weiterhin die breite gesellschaftliche Relevanz bedeutsam. Der Unterteilung der Menschen in Frauen und Männer kam und kommt in europäischen Gesellschaften bis heute wichtige Bedeutung zu. Beide Geschlechter erfüllen gesellschaftlich unterschiedliche Funktionen, und sie haben verschiedene Rechte und Möglichkeiten; Moralvorstellungen und Sanktionen strukturieren das Sexualverhalten der Menschen. In einer dritten Geschlechts-Kategorie zu leben war (und ist noch immer) gesellschaftlich nicht vorgesehen. Entsprechend war bei uneindeutigem Geschlecht – egal, ob es gesellschaftlich aus Verhaltensweisen, getragener Kleidung oder körperlichen Merkmalen geschlossen wurde – eine Zuordnung des Menschen zu einer der beiden Kategorien nötig, oder es wurde zeitweise sogar gesellschaftlich akzeptiert getötet. Solch aktives Herstellen zweigeschlechtlicher gesellschaftlicher Norm wurde in der Gesellschaft zentral. Es wurde religiös begründet, und es strukturierte die moderne Bevölkerungspolitik. Bei der Herstellung der binären geschlechtlichen Norm kam und kommt auch der Medizin Bedeutung zu.

Der gesellschaftlichen Gemengelage und der Einbindung der Medizin soll im Folgenden nachgegangen werden. Es wird sich zeigen, wie in Europa in zunehmendem Maße *Eindeutigkeit und Klarheit des Geschlechts als weiblich oder männlich* bedeutsam wurden und wie Uneindeutigkeiten, Mehrdeutigkeiten und Widersprüchlichkeiten mehr und mehr getilgt wurden (vgl. Thomas Bauer: *Die Kultur der Ambiguität* [2011]). Dieser gesellschaftliche Zwang zu Eindeutigkeit beeinflusste auch die Medizin, ihre Forschungsfragen und technischen Entwicklungen. Physische und physiologische Eingriffe in das Körperinnere von Menschen nahmen immer größere Ausmaße an. Auf diese Weise wurde medizinisch die eindeutige und klare gesellschaftliche Geschlechterordnung befestigt.

Ausgangspunkte für das Ziel eindeutiger Geschlechtsfeststellung in Zweifelsfällen

Geschlechtliche Normen zeigen sich historisch im Abendland verbreitet. Bereits die wenigen Quellen, die aus der griechischen Antike zum Geschlechterverhältnis überliefert sind – beschränkt insbesondere auf die Polis Athen –, geben Aufschluss darüber, dass sich die Bevölkerung in den Stadtstaaten einerseits sozioökonomisch, andererseits nach Alter und Geschlecht untergliederte. Einschränkungen für »freie Frauen« ergaben sich insbesondere bezüglich der Möglichkeiten, zu besitzen, zu erben und zu vererben. Dies durften sie nicht oder nur in einem gegenüber »freien Männern« geringeren Maße (vgl. Voß 2010: 38ff). Damit kommt ein für die weiteren Betrachtungen relevanter Punkt in den Blick: Dort, wo sich die gesellschaftlichen Möglichkeiten von Frauen und Männern unterscheiden, ist es bedeutsam, welchem Geschlecht ein Mensch zugeordnet wird. Es dürften einem Menschen schließlich keine ihm zustehenden Privilegien – hier: das Besitzen und das Erben und Vererben – vorenthalten werden. Auch für die Legitimität einer Ehe war Geschlecht relevant. Fragen zur Ehe und Eigentumsrechte bildeten so die wichtigen Motive, auch bei uneindeutigem Geschlecht eine eindeutige soziale Einordnung des Menschen vorzunehmen, wie sich in römischen Rechtstexten zeigt. Der römische Jurist Paulus schreibt so im 2./3. Jahrhundert unserer Zeitrechnung: *»Ob ein Zwitter zur Testamentserrichtung (als Zeuge) hinzugezogen werden kann, richtet sich nach dem Geschlecht, dessen Begierden sich in ihm regen.«* (Vgl. Duncker 2003: 281) Ulpianus, römischer Jurist der gleichen Zeit, postuliert: *»Bei einem Zwitter fragt sich, welchem Geschlecht er gleichzusetzen sei. Ich glaube eher demjenigen, das bei ihm überwiegt.«* (ebd.)

Damit schließt sich eine weitere für die folgenden Ausführungen wesentliche Frage an: Welche konkrete Person oder gesellschaftliche Instanz bestimmt dann im publik gewordenen Zweifelsfall über das Geschlecht? Entscheidet die Person, deren Geschlecht strittig ist? Entscheiden Mitmenschen (und finden durch sie ggf. Sanktionen wie Diskriminierungen und Übergriffe statt) oder religiöse, juristische oder medizinische Instanzen?

Ausweitung der zweigeschlechtlichen gesellschaftlichen Norm mit dem aufkommenden Christentum

Sind die Fragen, wer zu entscheiden hat und welche Merkmale hinzuzuziehen sind, für die Antike mangels entsprechender Quellen nicht klar zu beantworten, ist dies für die weitere europäische Geschichte möglich.

Mit dem aufkommenden Christentum waren noch weitreichendere geschlechtliche Anforderungen verbunden, die die eindeutige Zuordnung von Menschen zu »Mann« und »Frau« notwendig machten. Neben der Ehe und Eigentumsrechten betrafen sie nun auch das Sittliche (vgl. etwa Foucault 1983: 87, Bauer 2011: 271ff). Moralvorstellungen zum geschlechtlichen und sexuellen Umgang der Menschen etablierten und befestigten sich – Lust und Sex wurden Thema. Die Kirche wurde zu der Instanz, die über das Geschlechtliche und das Sittliche betreffende Fragen zu befinden hatte. So beschreibt Michel Foucault das kirchliche Beichtgeheimnis als den Ausgangspunkt für den Diskurs über Sexualität, indem in der Beichte das unentwegte Sprechen über Geschlechtliches und Sexuelles verlangt wurde.

Hinzu kamen neue moralische Wertungen: War es in der römischen Antike für einen Freien und Bürger durchaus legitim, sowohl mit Frauen als auch Männern Sexualverkehr zu haben, sofern er dabei keine passive Position einnahm (vgl. Voß 2010: 49f), wurde gleichgeschlechtlicher Sex nun problematisiert und mit dem seit dem 13. Jahrhundert verbreitetem Kirchenrecht (so genanntes »Kanonisches Recht«) im Rahmen von Gesetzen gegen »Sodomie« mit Strafen bis hin zur Todesstrafe geahndet.

Geschlecht hatte damit eine Relevanz für Ehe, Scheidung, Erben und Vererben – und nun auch hinsichtlich Legitimität und Illegitimität von Sexualität. Unterschieden sich bei den die Ehe, das Erben und Vererben betreffenden Fragen die Rechte von Frau und Mann weiterhin deutlich, so konnte die Wahl eines Partners des »falschen« – weil gleichen – Geschlechts lebensbedrohlich sein. Der Befund, welches Geschlecht im Zweifelsfall vorherrschte, konnte so im konkreten Fall über Leben und Tod des jeweiligen Menschen entscheiden. Das zeigt sich beispielhaft Anfang des 17. Jahrhunderts im Fall von Marie/Marin le Marcis. Nur weil sich die Geschlechts-Diagnosen der Mediziner widersprachen, entging Marcis einer Verurteilung wegen Sodomie. (Vgl. Daston 1985)

Damit wird deutlich, wer über das als »uneindeutig« erkannte Geschlecht zu befinden hatte. Nicht der Mensch selbst, der von anderen Menschen als geschlechtlich »uneindeutig« wahrgenommen wurde, sollte sich für ein Geschlecht entscheiden, sondern die Beurteilung seines Geschlechts sollte von außen erfolgen. Auf Anordnung von Gerichten sollten Mediziner (manchmal waren auch Hebammen beteiligt, deren Urteil aber häufiger angezweifelt wurde) eine Diagnose des Geschlechts treffen (vgl. Voß 2010: 196). Der untersuchte Mensch konnte mit eigenen Berichten auf die Diagnose Einfluss nehmen. Es kam auch vor, dass Menschen auf Mediziner zukamen, um eine andere Geschlechtszuordnung als die bisherige bezeugen zu lassen – hier halfen Mediziner oft bereitwillig weiter. Deutlich tritt aber selbst hier hervor, dass eine andere Geschlechtszuordnung oft dadurch Relevanz erhielt, weil die_der Ratsuchende heiraten wollte, sich von einer männlichen Geschlechterrolle die Teilnahme an prestigeträchtigeren und lukrativeren Positionen in der Gesellschaft erhoffte, als sie für Frauen möglich waren, oder den Zuschreibungen und Möglichkeiten, die sich an die weibliche Geschlechterolle banden, für sich eine bessere Lebensperspektive abgewinnen konnten. (Vgl. Mak 2004, Mak 2005)

Zur Verwissenschaftlichung von Geschlecht und Sexualität

War mit Bezug zum Kirchenrecht bis ins 19. Jahrhundert vorgesehen, dass, sofern die Sachverständigen zu keiner eindeutigen Entscheidung gelangten, sich der betroffene Mensch ausnahmsweise selbst für ein Geschlecht entscheiden konnte, so findet diese »begrenzte Wahlfreiheit« in den um 1800 aufkommenden »Naturrechten« keinen Niederschlag mehr. In diesen modernen Gesetzestexten

– unter anderem dem *Code Civil* aus dem Jahr 1804, dem Bürgerlichen Gesetzbuch im Deutschen Reich aus dem Jahr 1900 –, die sich nicht mehr auf die Allmacht eines Gottes bezogen, galt jeder Mensch als eindeutig einem von zwei Geschlechtern zuzuordnen (vgl. Klöppel 2010, Voß 2010). Die Verfasser des Bürgerlichen Gesetzbuches begründeten diese Entscheidung mit Bezug zur Medizin:

> »Nach dem heutigen Stande der medizinischen Wissenschaft darf angenommen werden, daß es weder geschlechtslose noch beide Geschlechter in sich vereinigende Menschen gibt ...« (Vgl. Duncker 2003: 283ff)

Die Bedeutung der Medizin wird ersichtlich – es wird klar auf ihre neuen »Erkenntnisse« verwiesen, die sie insbesondere im 19. Jahrhundert gewonnen hatte. In dieser Zeit wurden sexuelle Verhaltensweisen und geschlechtliche Uneindeutigkeiten viel diskutierte Themen in der Gesellschaft und auch in der Medizin. Von der gesellschaftlichen Moral und der zweigeschlechtlichen Strukturierung in der Gesellschaft abweichende Verhaltensweisen und körperliche Merkmale wurden medizinisch problematisiert. Sie wurden als »Abweichungen« und »Störungen« beschrieben, Anleitungen zu ihrer therapeutischen Behandlung wurden entwickelt.

Auch für diese Entwicklung in der sich etablierenden bürgerlichen Gesellschaft war die Positionierung von Frauen und Männern bedeutsam. Geschlechterdifferenzen wurden sogar noch über das bestehende Maß hinaus befestigt. Deutlich wird die noch größere Relevanz binärer Geschlechterdifferenz beispielsweise aus dem grundlegenden Ausschluss von Frauen aus den modernen Wissenschaften. War es zuvor den wohlhabendsten und angesehensten Frauen noch möglich gewesen, sich anerkannt wissenschaftlich zu betätigen, so wurden sie nun grundsätzlich aus Wissenschaften ausgeschlossen. Dies wurde mit dem

»Wesen der Frau« begründet (vgl. Schiebinger 1993). Wie Michel Foucault fokussiert herausarbeitete, etablierten sich überdies seit dem 19. Jahrhundert »Biopolitiken«, in denen ebenfalls Geschlecht zentrale Funktionen zukamen. Von Seiten der Regierenden bestand ein Interesse, über eine möglichst große Zahl von Einwohner_innen im eigenen Territorium zu verfügen und diese in einem arbeitsfähigen und militärtauglichen Zustand zu erhalten. In diesem Zusammenhang entwickelten sich um die Fortpflanzung und Gesundheit der jeweiligen Landesbevölkerungen Diskurse, die, wenngleich zögerlich, auch real direkte politische Maßnahmen nach sich zogen.

Noch heute besteht, anknüpfend an das Bürgerliche Gesetzbuch von 1900 und das Personenstandsrecht von 1875, die gesetzliche Forderung fort, einen eindeutig weiblichen oder männlichen Geschlechtseintrag direkt nach der Geburt in der Geburtsurkunde vorzunehmen. Und noch immer ist es sowohl gesellschaftlich als auch gesetzlich bedeutsam, welchem Geschlecht ein Mensch zugeordnet wird.

Die Angleichung an die gesellschaftliche Norm

Wurde bis hierher ersichtlich, dass die gesellschaftliche Unterscheidung zweier Geschlechter zentral dafür ist, dass jeder Mensch eindeutig einem der Geschlechter zuzuordnen ist, soll im Folgenden den Maßnahmen nachgegangen werden, mit denen die geschlechtliche Zuordnung erfolgte. Dabei wird auch darauf eingegangen, wie sich Menschen, bei denen auf uneindeutiges Geschlecht erkannt wurde, mit dem Geschlechtersystem arrangierten.

Medizinische Diagnostik: Die Kennzeichen des Geschlechts

Bereits in den vorherigen Beschreibungen wurde die Bedeutung medizinischer Beurteilung sichtbar: Die zur Prüfung des Geschlechts von Marie/Marin le Marcis hinzugezogenen Sachverständigen waren Mediziner, und die Verfasser des Bürgerlichen Gesetzbuches verwiesen auf den »heutigen Stande der medizinischen Wissenschaft«, der eine eindeutige geschlechtliche Zuordnung zu »weiblich« oder »männlich« möglich mache. Auf Anordnung von Gerichten hatten Mediziner in Zweifelsfällen über das Geschlecht des Menschen zu befinden. Sie bezogen bei der Beurteilung des Geschlechts zahlreiche Merkmale mit ein, die die äußere Erscheinung, die gelebte Geschlechtsrolle, die Wahl der Kleidung und der Sexualpartner_innen mit einschloss. Darüber hinaus gingen auch Merkmale der körperlichen Statur und physiologischer Prozesse in die Diagnosen ein, wobei sich Mediziner durchaus auch auf die Angaben der Beschuldigten bzw. Patient_innen verließen. In anderen Fällen drangen die Mediziner auf eine genaue Untersuchung oder wurden durch Gerichte zu einer Beschau der Genitalien und einer Beurteilung physiologischer Prozesse (insbesondere Erektion, Ejakulation, Menstruation) angehalten (vgl. Klöppel 2010, Voß 2010).

Zu dieser Gesamtbeschau an Merkmalen traten mit zeitlich wechselnder Intensität weitere Kennzeichen, die schließlich das Geschlecht eines Menschen sicher angeben sollten. In diese Position kamen um 1800 die Keimdrüsen (vgl. Voß 2010). Sie wurden eine Zeitlang als die Merkmale schlechthin angesehen, die einen Menschen zum Mann oder zur Frau machten. Auch in den Klassifikationen von Menschen uneindeutigen Geschlechts wurden sie zu den zentralen Merkmalen. Diese Fokussierung auf die Keimdrüsen machte es für die Geschlechtsdiagnostik erforderlich, im Körperinneren nach – möglicherweise verborgenen – »Hinweisen auf das Geschlecht« zu suchen. Die medizinische Diagnose, die sich zuvor durch Betasten und ggf. Eindringen in vorhandene Körperöffnungen vom Geschlecht eines Menschen überzeugte (vgl. Schochow 2010, Voß 2010), erschien mit dieser Entwicklung fehlbar. Gleichzeitig waren durch schlechte hygienische Bedingungen und unzureichende Desinfektionsmöglichkeiten operative Eingriffe in das Körperinnere für die Untersuchten gefährlich. So nahmen zunächst viele Mediziner von dieser Untersuchung Abstand, um das Leben der Patient_in nicht zu gefährden (vgl. Mak 2004, Mak 2005). Stattdessen stellten sie an Hand ihrer durch Beschau und Betasten erlangten Erkenntnisse eine »Wahrscheinlichkeitsdiagnose«, ob weibliches oder männliches Geschlecht vorliege.

Weiterhin wurde Vererbung als bedeutsam betrachtet. Wurde von alters her verschiedentlich über die Feststellung von Ähnlichkeit eines Kindes mit den (potenziellen) Eltern auf die Legitimität des Nachwuchses geschlossen, so zeigen sich historisch Umschlagpunkte, an denen Vererbung als äußerst bedeutsam hervortrat – schließlich auch mit

Relevanz für das Geschlecht. Einen ersten Kristallisationspunkt gab es, verbunden mit technischen Neuerungen – Mikroskopie – und zugleich eingebunden in christliche Vorstellungen eines »Schöpfergottes«, mit den so genannten »Präformationstheorien« im 17. Jahrhundert (vgl. Voß 2011). Das Individuum sei entweder im weiblichen oder im männlichen Zeugungsbeitrag vollständig vorgebildet und müsse nur an Größe zunehmen – so diese Theorien. Traten im 18. und 19. Jahrhundert solche Theorien weitreichender Vererbung zunächst zurück, kehrten sie Ende des 19. Jahrhunderts wieder, ebenfalls gebunden an neue mikroskopische Techniken (vgl. Voß 2010: 237ff). Man erkannte nun »Gewebe«, »Zellen« und in den »Zellen« kleinere Einheiten, die anfärbbar waren. Diese wurden schließlich Chromosomen genannt und auch für Geschlecht als wichtig eingeordnet. Aber auch hieraus ergaben sich Diskrepanzen: So hingen insbesondere Biolog_innen* universellen Prinizipen der Geschlechtsvererbung für alle Tierklassen an, während Mediziner_innen* aus ihrer praktischen Erfahrung Keimdrüsen und tastbare Strukturen favorisierten (vgl. Moszkowicz 1929). (* Während die Universitäten zunächst Männern vorbehalten waren, wurden sie ab Beginn des 20. Jahrhunderts auch im Deutschen Reich für Frauen geöffnet. In der bisherigen sprachlichen Verwendung in diesem Band wurde daher die männliche Bezeichnung »Mediziner« verwendet, um den grundlegenden Ausschluss von Frauen nicht zu verschleiern. Ab dem beginnenden 20. Jahrhundert kann aber auch hier geschlechtergerechte Sprache angewendet werden.)

Zuweisung des Geschlechts

Für das Erkennen und die Zuweisung des Geschlechts ging es zunächst vielfach darum, das »überwiegende Geschlecht« eines Menschen herauszufinden bzw. das »eigentliche Geschlecht« eines Menschen zu erkennen. Das geschah über Sprechen, Beschreiben, Aushandeln mit dem untersuchten Menschen, ggf. tastete man auch den Körper ab oder drang tastend in Körperöffnungen ein (vgl. Schochow 2010, Voß 2010). Diese vorwiegenden Untersuchungsmethoden sollen aber nicht zu dem Fehlschluss verleiten, es hätten keine weitergehenden Maßnahmen, insbesondere auch operative, stattgefunden. Vielmehr zeigen sich historisch Hinweise auf das Tilgen von geschlechtlicher Uneindeutigkeit verbreitet. Menschen wurden durch andere Menschen teilweise mystisch als »Unheil bringend« angesehen und getötet. In anderen Fällen wurde in Körper eingeschnitten, selbst in Zeiten, als solche Eingriffe oft den Tod des jeweiligen Menschen bewirkten (durch die unhygienischen Zustände, wie wir heute wissen – damals interpretierte man dies wiederum mystisch als »göttliches Zeichen«).

In antiken Schriften wurde nicht nur problematisiert, wenn eine Frau eine »vergrößerte« Klitoris hatte, sondern es wurde in medizinischen Texten auch angeraten, die Klitoris zu entfernen. Frauen mit »vergrößerter« Klitoris wurden als »Tribaden« (griech. *tribein,* »reiben«) bezeichnet, eine »vergrößerte« Klitoris wurde mit »unziemlichem Verhalten« der Frau in Verbindung gebracht. Diese Frau wurde als bedrohlich – auch für die gesellschaftliche Ordnung – wahrgenommen, weil es möglich schien, dass sie mit ihrer Klitoris eine als männlich betrachtete *aktive, penetrierende* Rolle im Sexualverkehr und ebenso eine entsprechende Position in der Gesellschaft einnehmen könnte. Soranos von Ephesos, ein Mediziner der um das Jahr 100 unserer Zeitrechnung lebte, empfahl, die »vergrößerte« Klitoris abzuschneiden. Hierzu sollten Zange und Skalpell verwendet werden. (Vgl. Brooten 1996: 162ff, Hanson 1991: 260, 266f)

Darüber hinaus wurden »Hermaphroditen« – Menschen uneindeutigen Geschlechts bzw. beiderlei Geschlechts – in der Antike vielfach als »Unheil bringend« angesehen. Es sind Fälle überliefert, in denen Menschen auf Grund »uneindeutigen« Geschlechts ertränkt wurden – Luc Brisson listet 16 Fälle auf (Brisson 2002: 26f). Traten in der weiteren Entwicklung in der römischen Antike eher legislative Momente in den Vordergrund und wurden damit solche willkürlichen Tötungen zurückgedrängt, so wird bereits mit einem kurzen Blick auf Sodomie-Paragraphen des Kirchenrechts deutlich, dass auch mit dem sich durchsetzenden Kirchenrecht Menschen auf Grund nicht eindeutigen Geschlechts mit dem Tod bedroht sein konnten. Nun galt es damit nicht mehr nur, ein vorausgesehenes »nahendes Unheil« abzuwehren und Götter und Göttinnen zu beschwichtigen, sondern es kamen zunehmend disziplinierende Funktionen hinzu. »Frau« und »Mann« schienen aus Sicht der christlichen Kirche aufeinander »hingeordnet«; es wurden sittliche Anforderungen an sie gestellt, Fehltritte u.a. durch die bereits erwähnten Sodomie-Regelungen sanktioniert (vgl. Foucault 1983, Bauer 2011: 271ff).

»Klarheit« und »Eindeutigkeit« der geschlechtlichen Zuordnung werden nun zentrale Anliegen. Diagnosen zur Feststellung des »wahren Geschlechts« – als »weiblich« oder »männlich« – nehmen zu. Und in wachsendem Maße werden auch Eingriffe in das Körperinnere vorgenommen, um das Geschlecht eindeutig zu bestimmen oder es sogar zu vereindeutigen. Das konnte auch Kinder betreffen. So finden sich in den Fallsammlungen des polnischen Mediziners Franciszek Ludwik (Franz Ludwig) Neugebauer, der die in der medizinischen Literatur durch die Jahrhunderte angeführten Fälle uneindeutigen Geschlechts zusammenführte, zahlreiche Beispiele dafür, dass auch bei Kindern die Klitoris verkleinert wurde; oder dass der Penis entfernt wurde, wobei im Nachhinein Hoden konstatiert wurden. Auch wegen Hypospadie kamen Operationen vor, die ebenfalls zunächst lebensgefährlich waren und auch noch zum Tode führen konnten, nachdem ab der zweiten Hälfte des 19. Jahrhunderts die Keimzahl verringernde antiseptische und schließlich aseptische Maßnahmen üblich geworden waren. Eine systematische wissenschaftsgeschichtliche Aufbereitung der operativen Behandlungen zur Geschlechtsfeststellung und ggf. Geschlechtszuweisung für die Zeit bis 1950 steht allerdings bislang noch aus. Daher sollen nur zwei Beispiele die Reichweite solcher Eingriffe verdeutlichen:

1787 veröffentlichte Thomas Brand den Beitrag *»The Case of a Boy, who had been mistaken for a Girl«* (»Der Fall eines Jungen, der irrtümlich für ein Mädchen gehalten wurde«), in dem er die Fallgeschichte und Behandlung eines siebenjährigen Kindes beschreibt. Brand war von seinem Kollegen Armstrong wegen der Geschlechtsfeststellung des Kindes konsultiert wurden. In seiner Untersuchung stellte er Hoden fest sowie einen Penis, der auf Grund seiner Lage nicht von einer Klitoris zu unterscheiden gewesen sei. Er entschied sich, den Penis freizulegen, und stellte abschließend fest: *»and after the parts were perfectly healed, the child could make water in an erect posture«*. (Brand 1787: S.7: »und nachdem die Teile perfekt verheilt waren, konnte das Kind im Stehen Wasserlassen«.) Der Erfolg der Behandlung wurde also darin erkannt, dass ein Kind nun im Stehen pinkeln konnte.

In dem zweiten Fall sieht sich der Autor Samuel D. Gross genötigt, die Entfernung von Hoden bei einem Kind der Fachöffentlichkeit gegenüber zu rechtfertigen. In dem Beitrag *»Hermaphroditism, involving the Operation of Castration and illustrating«* (»Hermaphroditismus, eingeschlossen einer Kastrationsoperation und ihrer Illustration«), der 1852 in *The American Journal oft the Medical Sciences* erschien, beschreibt er den »Fall« des dreijährigen Kindes. In den ersten zwei Jahren als Mädchen aufgezogen, zeigte es ab dem zweiten Lebensjahr Veränderungen im

Spielverhalten. Das Kind wies Puppen und ähnliche Artikel zurück und entwickelte eine Vorliebe für »Jungensport«. Eine Untersuchung ergab uneindeutige Genitalien – und Hoden. Während sich die Eltern ängstlich zeigten und sich ihr Interesse darauf richtete, das Kind vor Unannehmlichkeiten in der Zukunft zu bewahren – wie Gross ausführt –, plädiert der Arzt, nach Rücksprache mit einem Kollegen, für die Entfernung der Hoden, die schließlich erfolgt. Um die eigene Rechtfertigung bemüht, stellt Gross fest:

> »No unpleasant symptom of any kind ensued after this, and in a week the little patient was able to be up, being quite well and happy. The testes were carefully examined after removal, and were found to be perfectly formed in every respect. The spermatic cords were natural. I have seen this child repeatedly since the operation, as her parents live only a few squares from my office, and have carefully watched her mental and physical development. Her disposition and habits have materially changed, and are now those of a girl; she takes great delight in sewing and housework, and she no longer indulges in riding sticks and other boyish exercises.« (Gross 1852: 388; »Es konnten danach keinerlei unerwünschte Folgen festgestellt werden, und nach einer Woche war der kleine Patient auf. Es ging ihm gut, und er war glücklich. Die Hoden wurden nach ihrer Entfernung gründlich untersucht und zeigten sich als in jeder Hinsicht vollkommen gebildet. Die Samengefäße waren natürlich geformt. Ich habe das Kind nach der Operation wiederholt gesehen, da *ihre* Eltern lediglich einige Straßen von meiner Praxis entfernt wohnen, und habe die mentale und physische Entwicklung gründlich beobachtet. Ihre Veranlagung und Verhaltensweisen haben sich grundsätzlich verändert und sind nun die eines Mädchens; sie zeigt großes Gefallen an Hand- und Hausarbeit und mag nicht mehr das Reiten und andere jungengemäße Übungen.«)

Operationen fanden statt, die auch auf Vereindeutigung des Geschlechts und auf Geschlechtszuweisung zielten. Sofern Geschlechtsbestimmung und ggf. Operation im

Kindesalter erfolgten, richtete sich das Interesse von Eltern und Medizinern auf das Wohl des Kindes, vor dem Hintergrund gesellschaftlicher Normen. Das zeigt sich in beiden angeführten Beispielen plastisch: Das Urinieren im Stehen als Merkmal für Jungen und das mädchen- und jungenhafte Spielverhalten werden thematisiert; eine Vorliebe für der weiblichen geschlechtlichen Sphäre zugeordnete Hand- und Hausarbeit gilt als Beleg für den Erfolg geschlechtszuweisender Behandlungen. Auch aus den medizinischen Handlungen und Beschreibungen wird deutlich, dass die gesellschaftlichen Normen keineswegs nur legislativ bestanden. Vielmehr zeigt sich schon an den angeführten Beispielen, wie diese Normen auch das Denken der behandelnden Mediziner prägten. Diese sich gesellschaftlich entfaltende Reichweite der Geschlechternormen wurde auch in ihrer Bedrohlichkeit für Menschen uneindeutigen Geschlechts erkannt. So verwies der Professor für Geburtshilfe Friedrich Benjamin Osiander auf gewaltsame Übergriffe aus der Bevölkerung bei späten Geschlechtswechseln. Er riet bei Uneindeutigkeit des Geschlechts von einer raschen Taufe und dem raschen Geben von Vornamen ab (Osiander 1795: 462-476).

Interessen der Eltern, der betroffenen Menschen, der Mediziner

Die Rolle der Mediziner war bei der Entscheidung über das Geschlecht einer Person nicht zwangsläufig dominant. Zwar lässt sich feststellen, dass ab etwa der Mitte des 19. Jahrhunderts immer mehr Menschen als geschlechtlich uneindeutig eingestuft und genauer untersucht wurden; dabei war aber nicht selten das Drängen von Eltern zur Untersuchung des eigenen Kindes oder das Ansinnen der Menschen selbst ausschlaggebend. Darüber hinaus wurden aber nun auch solche Menschen als geschlechtlich uneindeutig erkannt, bei denen keine äußeren Anzeichen oder die »Selbstdiagnose« dies nahelegten. Vielmehr konnten nun auch Menschen mit einer Geschlechtsdiagnose konfrontiert sein, die sich ihres Geschlechts als Frau oder als Mann sicher glaubten und in einer eindeutigen Geschlechtsrolle lebten (vgl. etwa Foucault 2003 [1976], Mak 2005, Voß 2011: 188ff). Ein Beispiel hierfür stellt die folgende Beschreibung dar:

> »Als Marie Schöttke [den Mediziner, Anm. HV] Berthold 1891 in der Poliklinik in Königsberg wegen Halsschmerzen und Heiserkeit aufsuchte und dieser nach genauer Kehlkopf- und anderer Untersuchung ihr auf den Kopf zusagte, sie sei ein Mann, verschwand sie zunächst wieder. Berthold gelang es nicht, sie dem zufällig in der Nähe von Königsberg weilenden Rudolf Virchow vorzuführen, den er als Experte in Sachen Geschlechtsungenauigkeiten kontaktiert hatte und der ›in liebenswürdiger Weise versprach [...] sich den Fall anzusehen‹ – Marie verbarg sich noch, als Berthold sie eigens aus ihrem Dorf abzuholen versuchte.« (Peters 2009: 88f)

Marie Schöttke erhielt die Diagnose, dass sie ein Mann sei, nachdem sie wegen Halsschmerzen und Heiserkeit einen Arzt aufgesucht hatte. Zuvor war sie sich ihres weiblichen Geschlechts stets sicher gewesen. Gleichzeitig ist ihr Fall aber auch ein Beispiel dafür, dass Patient_innen selbst zu dieser Zeit, für die die Behandlungspraxis der Mediziner oft als paternalistisch (»väterlich«, der Arzt entscheidet, was das Beste für die Patient_in ist) beschrieben wird, eigene Wege beschritten. So entzog sich Schöttke der weiteren Untersuchung – und kehrte erst zum Arzt zurück, als sie selbst einen Geschlechtswechsel vollziehen wollte:

> »Sieben Jahre später suchte Schöttke Berthold von sich aus auf, und zwar in Männerkleidern und mit dem Wunsch, den Personenstand zu ändern. [...] [Anm. HV: Später befindet Berthold:] ›Ich kann nicht unterlassen, noch auf den Unterschied in dem Auftreten der Person von jetzt und damals,

als ich sie vor 7 Jahren zum ersten Mal sah, aufmerksam zu machen. Damals war sie schüchtern und verlegen und entzog sich aus Schamgefühl jeder weiteren Untersuchung. Jetzt haben wir einen resoluten Kerl vor uns, der kein Bedenken trägt, sich nakt photographiren zu lassen, was Herr Gscheidel mit Blitzlicht recht gut ausgeführt hat, und sich später im Verein für wissenschaftliche Heilkunde vor 100 Aerzten zu entblössen und besehen zu lassen.‹« (Peters 2009: 88f)

Marie Schöttkes Umgang mit der Geschlechtsfeststellung ist also kein Beispiel für den entmündigten und zurückgesetzten Umgang einer Patient_in mit dem Arzt, sondern zeigt deutliche Zeichen einer selbst getroffenen und eigenwilligen Entscheidung. Aber: Diese Entscheidung geschieht vor dem Hintergrund einer medizinischen Diagnose, die den Impuls für eine Reflexion des Geschlechts zu geben scheint. Warum sich indes Schöttke selbst für einen Geschlechtswechsel entscheidet, bleibt unklar – möglicherweise geschieht dies, um die Verbindung zu einem geliebten Menschen zu legitimieren oder wegen einer größeren Autonomie und Unabhängigkeit, die die männliche Geschlechterrolle verspricht. Aus den oben zitierten Bewertungen Bertholds geht zumindest hervor, welche eindeutigen, auch charakterlichen, Zuschreibungen sich mit dem Geschlecht verbanden. »Weiblich sein« bedeutete offenbar, »schüchtern und verlegen« zu sein und »Schamgefühl« zu zeigen, wohingegen ein Kerl »resolut« sei und sich auch nackt fotografieren lasse. Dass ein Mensch bei einer überraschenden Diagnose erst einmal sprachlos sein könnte und dass Schöttke zum späteren Zeitpunkt Verhaltensweisen bewusst einsetzte, um vom Mediziner die von ihr gewünschte Diagnose zu erlangen, erhält in der Interpretation des Mediziners Berthold keinen Raum.

Es zeigt sich eine vielschichtige Ausgangslage, in der gesellschaftliche geschlechtliche Normen zunehmend etabliert werden und auch theoretische und praktische Wissenschaften, wie Biologie und Medizin, daran teilnehmen (vgl. Foucault 2003 [1976], Bauer 2011). Die Entscheidungen von praktisch handelnden Medizinern können von einem solchen gesellschaftlichen Rahmen nicht gelöst werden, wenn man sie verstehen und einordnen will. Und es zeigt sich bei den Medizinern vielfach das Primat, den gebotenen Rahmen einer zweigeschlechtlichen gesellschaftlichen Ordnung zu Gunsten ihrer Patient_innen zu nutzen. So kamen Ärzte oft dem Wunsch der Patient_in nach, einen Geschlechtswechsel zu vollziehen, oder sie folgten nach einer »eindeutigen Geschlechtsdiagnose«, die dem bislang gelebten Geschlecht der Patient_in widersprach, dennoch dem Interesse der Patient_in, in der sozialisierten und gelebten Geschlechtsrolle weiterzuleben. In anderen Fällen entfernten sie im Körperinneren festgestelltes Keimdrüsengewebe ohne Wissen der Patient_in, um sie nicht zu verunsichern. Und schließlich rieten sie Eltern zuweilen auch von medizinischen Behandlungen des Kindes ab, selbst wenn diese darauf drangen (vgl. etwa Mak 2004, Mak 2005). Die folgende Bewertung von Theodor Landau aus seinem 1904 im *Zentralblatt für Gynäkologie* veröffentlichten Aufsatz *»Mann oder Weib?«* verdeutlicht dieses Interesse des praktischen behandelnden Arztes:

> »Es kann nicht Aufgabe des Arztes sein, der anatomischen Wahrheit allein zum Recht zu verhelfen, sondern sie besteht in erster Linie darin, dem hilfesuchenden Individuum Hilfe zu gewähren. Stellen wir uns nämlich auf den rein anatomischen Standpunkt [...] so kann man die mißbildeten Zwitterindividuen leicht in einen Konflikt mit ihrer Seele und dem Strafgesetzbuch bringen [...]. Wir könnten dann z. B. gezwungen werden, einen Zwitter, dessen sexuelle Antriebe ausschließlich femininen Charakters sind, durch Auffindung eines rudimentären Hodens zum Manne zu stempeln. Ich sehe keinen Grund, weshalb wir Ärzte durch anatomisch und mikrographische

> Studien am lebendigen Objekt mehr der Theorie als den Bedürfnissen des betreffenden Individuums gerecht werden sollen – so sehr ich natürlich die wissenschaftliche Seite der Sache schätze [...].« (Landau 1904: 204)

Vielfach war der Arzt auch gar nicht in der Position, ein Geschlecht zuzuweisen. Geertje Mak untersuchte für einen Überblicksartikel 25 »Fälle« von nach der Geburt als weiblich eingeordneten und aufgezogenen Menschen, bei denen in der Zeit um das Jahr 1900 medizinisch männliches Geschlecht diagnostiziert worden war. Es habe sich dabei in keinem der Fälle gezeigt, dass Operationen erzwungen wurden. Vielmehr wurden in sechs der Fälle von Medizinern Operationen angeraten, die die weibliche Erscheinung unterstützen sollten. Mak hält fest:

> »[P]atients had the freedom to refuse a sex change. Physicans simply did not have the authority to force their patients to change sex.« (Mak 2005: 79) (dt.: »Patient_innen hatten die Freiheit, einen Geschlechtswechsel zurückzuweisen. Ärzte [Ärzt_innen] hatten schlicht nicht die Autorität, ihre Patient_innen zu einem Geschlechtswechsel zu zwingen.«)

Plastisch wird das auch aus den Beschreibungen Franciszek Ludwik von Neugebauers deutlich. Neugebauer, einer der bezüglich uneindeutigen Geschlechts wichtigsten Mediziner um die Wende zum 20. Jahrhundert, sprach sich zwar für *operativen Bauchschnitt (Laparotomie)* aus, um die Art des im Körperinneren liegenden Keimdrüsengewebes festzustellen und zur (eindeutigen) Geschlechtsdiagnose heranzuziehen. Aber auch er musste Patient_innen von dieser Operation überzeugen und tat dies unter anderem derart, dass er versprach, nach diesem Eingriff dem Wunsch der Patient_in nach einem Geschlechtswechsel zu entsprechen (vgl. u.a. Neugebauer 1904). Seine Abhängigkeit vom Wollen der Patient_in bzw. deren Eltern wird aus der folgenden Passage deutlich:

»Die 8jährige Stanislawa, ein sehr misstrauisches, störrisches Kind, ließ sich nur sehr schwer untersuchen, unter Zeter- und Mordiogeschrei, so daß die erste Untersuchung eine ziemlich unvollkommene bleiben mußte, von Chloroform wollte die Mutter nichts wissen! – Durch ein brüskes Vorgehen wäre die Mutter erschreckt worden und nicht wieder zu mir gekommen. Ich mußte also sehr sanft mit ihr und dem Kinde umgehen, um diese mich interessierende Beobachtung nicht zu verlieren. Selbstverständlich hieß es Reisegeld und Spesen geben usw. [...].« (Neugebauer 1904: 45)

Entgegen der verbreiteten Sicht einer hinsichtlich der Behandlung von Menschen historisch paternalistisch geprägten Medizin scheint es lohnenswert, die konkreten Aushandlungen in den Blick zu nehmen. Mit Landau wurde weiter oben festgehalten, dass Menschen auf Grund einer Geschlechtszuweisung in »Konflikt mit ihrer Seele und dem Strafgesetzbuch« geraten konnten – eine Geschlechtszuweisung konnte also den Interessen der Patient_in widersprechen und gleichzeitig durch gesellschaftliche – rechtliche – Sanktionen für sie eine Gefahr darstellen, etwa wegen gleichgeschlechtlichen Sexualverkehrs bestraft zu werden. Mediziner reflektierten dies. Und auch vor dem Hintergrund der begrenzten technischen Möglichkeiten, bei denen selbst Bauschnitte lebensbedrohlich werden konnten (ganz zu schweigen von weitreichenden, das Genital korrigierenden Möglichkeiten), wurde oft von solchen Operationen abgesehen. Der Wunsch der Patient_in oder der Wunsch der Eltern für »ihr Kind« beeinflussten die medizinische Behandlung.

Bedeutsam aus der gesellschaftlichen Betrachtung der Genese der medizinischen Eingriffe vor dem Hintergrund gesellschaftlicher Erwartungshaltung sind für die sich anschließenden aktuellen Betrachtungen insbesondere die folgenden Punkte:

- Eingriffe in das Körperinnere zur Feststellung und Zuweisung eines Geschlechts stellen eine Fortsetzung der gesellschaftlichen Zweigeschlechternorm mit anderen – mit operativen – Mitteln dar. Letztlich stellte und stellt die Medizin damit die Instanz dar, die den Zwang eindeutigen Geschlechts »weiblich« oder »männlich« in Bezug auf körperliche Merkmale eindeutig zu formulieren sucht und direkt in die Körper derjenigen Menschen einschneidet, die nicht der postulierten Norm entsprechen. Dabei wurden und werden neue technische Verfahren rasch aufgegriffen.
- Entgegen der verbreiteten Ansicht, dass Paternalismus insbesondere historisch verbreitet gewesen sei, zeigt sich in den historischen Betrachtungen zum 19. Jahrhundert, dass dort Mediziner und Patient_innen zumindest bezüglich des Geschlechts miteinander in Aushandlung waren. Gab es zwar auch deutlich paternalistisch geprägte Behandlungen, beispielsweise wenn der Mediziner einfach Organe entfernte, ohne die Patient_in zu informieren, so zeigte sich vielfach auch sein Interesse, das Wollen der Patient_in ernst zu nehmen, oder die Patient_in konnte sich entziehen.

Die aktuelle Praxis – Verfahren und Evaluation der Ergebnisse und der Behandlungszufriedenheit

Es lohnt, die historischen und gesellschaftlichen Beschreibungen in eine Analyse der aktuellen Behandlungspraxis einzubeziehen. Die Entwicklung der medizinischen Interventionen bei Intersex seit den 1950er Jahren wurden mit Fokus auf den deutschsprachigen Raum sehr gut von Ulrike Klöppel in ihrem Band *XX0XY ungelöst* dargestellt. Die Entwicklung soll hier nicht nachgezeichnet werden. Wichtig ist, dass das Baltimorer Behandlungsprogramm international Verbreitung fand, auch im deutschsprachigen Raum. Bei festgestelltem Intersex-Genital wurden Eltern von Mediziner_innen vereindeutigende geschlechtszuweisende Maßnahmen empfohlen. Die Eltern waren hingegen mit der Diagnose »Intersexualität« für ihr Kind oft überfordert, weil in ihrem Erfahrungshintergrund immer nur zwei Geschlechter vorkamen. Das wird aus dem Bericht von Karin Plattner deutlich, die als Mutter mit einer Intersex-Diagnose ihres Kindes konfrontiert wurde:

> »Mit der Geburt unseres ersten Kindes waren wir gezwungen, uns mit einem gänzlich neuen Thema, der Intersexualität, auseinanderzusetzen. [...] Das Genital sei geschwollen, dies müsse aber nichts Schlimmes bedeuten. Die Hebamme nahm das Kind zur Untersuchung mit in den Nebenraum. Ein zufällig anwesender Arzt wollte mehr über das Genital wissen. Er konnte gerade noch von unserer Hebamme daran gehindert werden, mit einem Wattestäbchen zu ergründen, ob es eine Scheide gäbe und wie tief diese allenfalls sei. Unser eben geborenes Kind sollte bereits in den ersten Minuten seines Lebens zum Anschauungsobjekt werden. [...] Es wurde ein Kinderarzt beigezogen, der die Genitalgeschwulst besser beurteilen konnte. Dieser meinte, es handle sich eventuell um ein AGS-Syndrom. Dies sei nicht weiter tragisch, man könne das behandeln. [...]
> Am 18. August 1999 wurde bei unserem Kind die Gonadektomie vorgenommen. Aufgrund der Entfernung des Keimdrüsengewebes müssen später, mit Beginn der Adoleszenz, die nötigen Hormone künstlich zugeführt werden, weil der Körper selber keine mehr produziert. Mir ist erst später bewusst geworden, dass man das natürliche hormonelle Gleichgewicht nie wieder herstellen kann.
> Nachdem man sich also je nach Testergebnis einmal für einen Jungen, dann wieder für ein Mädchen als Geschlecht für unser Kind entschieden hatte, wurde uns erklärt, dass trotz des XY-Karyotyps aus unserem Kind kein Junge werden könne, denn aus dem Genital sei kein Penis zu konstruieren. Da wir damals wie alle anderen ein zweipoliges Geschlechterbild hatten, war

für uns klar, dass aus unserem Kind nur ein Mädchen werden konnte. [...]
Bezüglich der Klitorisreduktion war ich sehr skeptisch und wollte von den Ärzten wissen, ob denn unsere Tochter später beim Geschlechtsverkehr auch etwas fühlen würde. Ich bekam zur Antwort, man könne mir nichts versichern, ›aber wissen Sie, lieber ein Mädchen, das nichts spürt, wenn es mit einem Mann schläft, als ein Knabe, der keine Erektion bekommt oder nicht im Stehen urinieren kann‹. Dieser Satz brachte die Wende. Das kann nicht deren Ernst sein, dachte ich mir und erkundigte mich, ob es medizinisch irgendeine Notwendigkeit gäbe, das Kind operieren zu lassen. Als diese Frage verneint wurde, sagte ich die Operation kurz vor dem geplanten Termin ab. Nun hatte ich Zeit, mich zu informieren. Die Ratschläge der Ärzte waren mir von diesem Zeitpunkt an vollkommen egal. Man sagte mir beispielsweise: ›Bedenken Sie, wenn jemand davon erfährt, ist dies das soziale Aus für Ihr Kind. Denken sie an die Schule, den Sport oder das Schwimmen!‹ Ich war jedoch überzeugt, dass man dies alles irgendwie regeln könnte. Hingegen jemanden seiner Gefühle zu berauben – das könnte ich nie wieder gutmachen.« (aus Plattner: *Erfahrungen der Mutter eines intersexuellen Kindes*, in Groneberg 2008: S.13-17)

Ähnliche Erfahrungen werden oft von Intersexen und von Eltern von Intersex-Kindern berichtet. Selbst schlecht informiert und mit der Diagnose »Intersexualität« überfordert, verließen und verlassen sich Eltern rasch auf die medizinische Diagnose und die sich anschließenden Behandlungsempfehlungen der Mediziner_innen, die beschwichtigend argumentieren, es liege diese und jene Störung vor, »aber wir können da was tun«. Die vermeintlich »sichere« Diagnose, die in einem knappen routinierten Satz daherkommt, verbunden mit dem Expert_innenstatus, der Mediziner_innen zugestanden wird und der in der Behandlungssituation mit einem geschliffenem Methoden-Apparat (wie mikroskopische Untersuchungen von Keimdrüsengewebe und der Chromosmen) zementiert wird, führen zu einer vorstrukturierten und eingeschränkten Entscheidungssituation der Eltern. Auch hier ist ein Blick auf die historischen Betrachtungen interessant: Obgleich in den letzten Jahrzehnten viel über die Selbstbestimmung von Patient_innen in medizinischen Kontexten und ihre aufgeklärte Zustimmung zu Behandlungen gesprochen wird, wirkt die auf Expert_innenstatus basierende und auf Untersuchungstechniken zugespitzte Medizin die Eltern entmündigend. Paternalismus prägt sich aus, die Position, dem Wollen der Patient_in zu folgen, wie es historisch teilweise auftrat, erscheint kaum noch möglich. Unter anderem wird dies schon für die Richtung der Geschlechtszuweisung deutlich, für die Plattner gegenüber lediglich »Mädchen« als technisch möglich dargestellt wurde. Es wird von verschiedenen Autor_innen aus Intersex-Verbänden und der Medizin geschätzt, dass in etwa 90 Prozent der Behandlungen weibliches Geschlecht zugewiesen wurde. (Vgl. etwa Richter-Appelt 2007)

Verfahren

> »Die Forderung, dass das Genital möglichst unauffällig und ›normal‹ sein sollte, führte zu der Auffassung, dass ein auffälliges Genital auch dann behandelt werden muss, wenn kein medizinischer Notfall vorliegt. Konkret wurde das so formuliert, dass sich der Penis bzw. die Klitoris eines Kindes nicht mehr als 2 Standardabweichungen von der Norm unterscheiden dürfe. Zudem wurde angenommen, dass ein Kind mit einem zu kleinen Penis keine ungestörte psychosexuelle Entwicklung zu einem Mann durchlaufen könne und sein Genital daher zu einem weiblichen umgeformt, d. h. es zu einem Mädchen umgewandelt, werden sollte. Dies erschien auch medizinisch machbarer. Hinter dieser Auffassung stand die Annahme, dass ein Junge umso zufriedener mit seiner Männlichkeit sei, je länger sein Penis ist. Zusätzlich wurde gefordert, dass ein

> Junge im Stehen urinieren können müsse. Für Mädchen galt, dass eine zu große Klitoris die psychosexuelle Entwicklung stören würde.« (Richter-Appelt 2007: 57)

Mit wachsenden technischen Möglichkeiten wurden die weitergehenden Eingriffe in die physische und physiologische Konstitution von Menschen möglich. Diese orientierten sich an den gesellschaftlichen Normen und Vorstellungen, die jeweils mit eindeutiger Weiblichkeit und Männlichkeit verbunden wurden. Zentral waren hierbei die Begriffe *Geschlechtsrolle* und *Geschlechtsidentität*. Die *Geschlechtsrolle* bezeichnet *»die Gesamtheit der kulturell erwarteten, als angemessen betrachteten und zugeschriebenen Fähigkeiten, Interessen, Einstellungen und Verhaltensweisen des jeweiligen Geschlechts. Sie unterliegen einem Wandel innerhalb der und zwischen den Kulturen«* (nach: Richter-Appelt 2007: 53). Als *Geschlechtsidentität* wird hiervon das subjektive Gefühl eines Menschen, sich als Frau oder als Mann zu empfinden, unterschieden. Während die Geschlechterrolle somit die geschlechtlichen gesellschaftlichen Erwartungen in den Blick nimmt, fokussiert die Geschlechtsidentität die subjektive Positionierung eines Menschen in Bezug auf einen zweigeschlechtlichen Erwartungshorizont.

Wenn auch zögerlich, wurde das Baltimorer Behandlungsprogramm – vgl. die Beschreibungen zu Beginn dieses Buches – auch im deutschsprachigen Raum übernommen (vgl. Klöppel 2010). Mit ihm wurde eine Vereindeutigung des Genitals innerhalb der ersten Lebensmonate (möglichst bis zum 18. Lebensmonat) angeraten, unter der Annahme, dass ein so hergestelltes eindeutiges Genital die Ausbildung einer eindeutigen (und gesellschaftlich als »normal« bewerteten – also unter anderem heterosexuellen) *Geschlechtsidentität* ermögliche. Von den vorgenommenen medizinischen Eingriffen sollte der behandelte Mensch nicht in Kenntnis gesetzt werden, um die Ausprägung der *Geschlechtsidentität* nicht zu gefährden. Vom Nicht-Informieren ist man – das wurde durch den öffentlichkeitswirksamen Protest der Intersex-Bewegung erstritten – mittlerweile medizinisch weitgehend abgerückt.

Auch für die Richtung der geschlechtsvereindeutigenden Eingriffe waren die technischen Möglichkeiten das entscheidende Kriterium. So galt es als leichter, weibliches Geschlecht herzustellen. Bei den so vorgenommenen medizinischen Behandlungen war zunächst insbesondere das Erscheinungsbild des Genitals von zentraler Bedeutung – es sollte möglichst unauffällig sein. Mit zunehmenden technischen Möglichkeiten rückte auch der Erhalt von Sensiblität und Funktionalität stärker in den Blick.

Eingriffe zur Herstellung eindeutiger weiblicher Genitalien: Bei der *femininisierenden plastischen Chirurgie* wird die vergrößerte Klitoris reduziert *(Clitoroplasty)* und die Vagina konstruiert bzw. rekonstruiert *(Vaginoplasty).* Sofern als erforderlich angesehen, können auch die Schamlippen korrigiert werden *(Labioplasty).* Darüber hinaus werden verbreitet – und dies ging auch aus den Beschreibungen von Karin Plattner hervor – die Keimdrüsen (Hoden, Eierstöcke) entfernt *(Gonadectomy),* was für die spätere Entwicklung bedeutet, dass Hormone künstlich von außen zugeführt werden müssen. Als Grund für die Entfernung der Keimdrüsen wird häufig angeführt, dass insbesondere »unentwickelte« Keimdrüsen entfernt werden sollten, weil sie ursächlich für die Entwicklung von Krebs sein könnten. Ob »unentwickelte« Keimdrüsen tatsächlich häufiger zu Krebs führen und wann dann sinnvollerweise eine Behandlung vorzunehmen ist, bleibt umstritten (Walsh 2007; Petterson 2007; Looijenga 2010; Wood 2009). Denkbar wäre – selbst bei einem vorhandenen erhöhten Risiko für Krebs –, medizinisch häufigere Kontrollen zu empfehlen und von einer vorsorgenden Entfernung abzusehen, um das Hormon-Gleichgewicht im Organismus, dem bei der Ausbildung vieler Organe wie den Knochen Bedeutung zukommt, nicht voreilig zu beeinflussen.

Die Klitorisreduktion hat bereits eine längere Geschichte, wie aus den historischen und gesellschaftlichen Beschreibungen deutlich wurde. Für die moderne Behandlungspraxis bedeutsam wurde eine Operation durch Hugh Hampton Young, der 1934 die vollständige Entfernung der Klitoris *(Clitorectomy)* bei einer 16jährigen Patientin durchführte und »ein gutes kosmetisches Ergebnis« beschrieb (vgl. Hurwitz 2011: 166). Arbeiten von John Money, Joan G. Hampson und John L. Hampson aus den 1950er Jahren, in denen beschrieben wurde, dass die vollständige Entfernung der Klitoris keine Auswirkung auf die Fähigkeit zum Orgasmus habe, führten dazu, dass diese Methode weite Verbreitung fand und in den folgenden Jahrzehnten angewendet wurde. In den 1960er und 1970er Jahren wurde bei entsprechenden Operationen dahingehend experimentiert, die erogenen Bereiche und die dazugehörenden Nervenbahnen der Klitoris zu erhalten (vgl. Hurwitz 2011: 166f; Lean 2007).

Das künstliche Anlegen einer Vagina wird als *Vaginoplasty* bzw. *Kolpopoese* bezeichnet. Diese Methode wird angewandt, wenn die Vagina nicht oder unvollständig ausgebildet ist. Erste Versuche, eine solche Öffnung herzustellen – insbesondere mit der Begründung, so die Menstruation zu ermöglichen –, gehen bis ins 18. Jahrhundert zurück. Die moderne *Vaginoplasty* wurde seit der Mitte des 20. Jahrhunderts auch für die Behandlungspraxis bei uneindeutigem Geschlecht relevant und schließlich routinemäßig eingesetzt (vgl. Hurwitz 2011; Vidal 2010).

Zusätzlich kann die *Labioplasty* eingesetzt werden, um das Erscheinungsbild der Schamlippen zu verbessern (vgl. Hurwitz 2011; Vidal 2010).

Zur Herstellung von als eindeutig angesehenem Genital sind dazu in der Regel nicht einmalige sondern wiederholte chirurgische Eingriffe erforderlich. Für die nach der Entfernung von Keimdrüsen erfolgende Hormonersatztherapie gilt ebenfalls, dass sie nicht als einmaliger Akt erfolgen kann, sondern zeitlebens Bedeutung hat. Die Herstellung der Vagina zieht nach sich, dass ihrem Zuwachsen und ihrer Verengung vorgebeugt werden soll, was das Einführen von Gegenständen bedeutet, um sie zu weiten.

Eingriffe zur Herstellung eindeutiger männlicher Genitalien: Im Rahmen *maskulinisierender plastischer Chirurgie* findet die Korrektur der Harnröhre und ihrer Öffnung *(Urethroplasty)* statt. Dieser Eingriff ist nicht nur bei Intersex verbreitet, sondern kommt auch zur Anwendung, wenn die Harnröhrenöffnung etwa nicht an der Spitze der Eichel des Penis, sondern an seinem Schaft ausgebildet ist (so genannte *Hypospadie*). Bei der Operation wird die Lage der Harnröhre korrigiert und ihre Öffnung auf die Spitze der Eichel verlegt.

Zusätzlich können im Rahmen der maskulinisierenden plastischen Chirurgie bei fehlenden Hoden Hodenprothesen, verbunden mit einer Hormonersatztherapie, zum Einsatz kommen. Eine unentwickelte Gebärmutter kann entfernt werden *(Hysterectomy)*; das kann auch mit nur teilweise entwickelten Organen des für die Ausbildung weiblicher Genitalien als zentral gesehenen Müllerschen Gangs geschehen. Auch unentwickelte Keimdrüsen können entfernt werden (*Gonadectomy*); oder es wird – je nach Zeitpunkt der Diagnose – versucht, die Keimdrüsen (Hoden) über Hormongaben zur Entwicklung anzuregen. Zu diesem Zweck können im Bauch- oder Leistenbereich verbliebene Hoden *(Kryptorchismus)* im Rahmen einer Autotransplantation in die Hodensäcke verpflanzt werden.

Schließlich kann ein Penis aufgebaut werden, was als *Phalloplastik* bezeichnet wird (vgl. Richter-Appelt 2007; Sharma 2008; Vidal 2010).

»Outcome« – Evaluation der medizinischen Behandlungsergebnisse

Zu den Ergebnissen in Bezug auf Erscheinungsbild, Funktionalität und Zufriedenheit mit den feminisierenden und maskulinisierenden Operationen lagen lange Zeit keine verlässlichen Erhebungen vor. Insbesondere das Fehlen langfristig angelegter »Outcome-Studien« wurde in nahezu allen diesbezüglichen Fachartikeln beklagt. Mittlerweile beginnt sich diese Situation zu ändern und liegen einige Studien zu den anatomischen und funktionalen Ergebnissen der medizinischen Eingriffe und auch zur Behandlungszufriedenheit vor.

Die ersten Ergebnisse der großen deutschsprachigen Studie des »Netzwerks Störungen der Geschlechtsentwicklung/Intersexualität«, die mit Beteiligung aus Deutschland, Österreich und der Schweiz durchgeführt und auch vom Deutschen Ethikrat für seine Stellungnahme herangezogen wurde, kam 2007 anatomisch und funktional zu dem Ergebnis, dass es

> »[b]ei 25% aller operierten Studienteilnehmer und -innen [...] im Anschluss an die Operationen zu Komplikationen gekommen [ist]. Die häufigsten Komplikationen waren Fistelbildung (40,5%), Stenosen (Verengungen ableitenden Harnwege, 27%), Harnwegsinfekte (32%) und Miktionsbeschwerden (Probleme beim Wasserlassen, 21,4%). Die Zahlen weisen darauf hin, dass bei den Kindern- und Jugendlichen seltener operationsbedingte Komplikationen als bei den heute Erwachsenen aufgetreten sind, was eventuell als ein Hinweis auf verbesserte Operationstechniken angesehen werden kann.« (Kleinemeier 2007: 17)

Die Aussage zu möglicherweise verbesserten Operationstechniken wird in der Studie allerdings sogleich beschränkt. Das zeigt sich exemplarisch bei der Gruppe der Behandelten, bei denen besonders viele Probleme festgestellt wurden. So konnten bei »Männern und Jungen mit einer verminderten Wirkung von Androgenen« bei 60 Prozent der Erwachsenen und bei 44 Prozent der Kinder und Jugendlichen Komplikationen festgestellt werden (Kleinemeier 2007). Bei den Kindern und Jugendlichen – also denjenigen, die bereits von »verbesserten Operationstechniken« profitieren konnten – zeigten sich zwar weniger, aber mit 44 Prozent immer noch in großem Maße Komplikationen, wobei die Art der durchgeführten Operationen in der Studie nicht erhoben wurde.

International liegen mittlerweile einige weitere Daten zu den anatomischen und funktionalen Ergebnissen der feminisierenden und maskulinisierenden Behandlungen vor, von denen einige im Folgenden vorgestellt werden sollen. Die Befunde sind dabei heterogen. Zu beachten ist: Oft werden die Untersuchungen zum Behandlungserfolg von Mediziner_innen derselben Kliniken und Stationen vorgenommen, an denen auch die geschlechtszuweisenden Eingriffe stattgefunden haben.

Ergebnisse der vermännlichenden chirurgischen und hormonellen Eingriffe: Hierfür sind Untersuchungen zum »Behandlungserfolg« noch immer rar. Einschätzungen des anatomischen und funktionalen »Outcomes« und zur Behandlungszufriedenheit von Patient_innen, die explizit wegen Intersex behandelt wurden, liegen mit den Studien der Arbeitsgruppen um Kojima (Kojima et al. 2009, Nagoya, Japan) und Blanc (Blanc et al. 2011, Paris, Frankreich) vor. Beide Gruppen kommen zu dem Ergebnis, dass die Funktionstüchtigkeit der Hoden nur in wenigen Fällen gegeben ist und dass kurze Penislängen (in erigiertem Zustand) vorliegen. Letzteres sei unabhängig von der Funktionstüchtigkeit der Hoden der Fall (Blanc et al. 2011). Kojima et al. (2009) berichten, dass neun von zehn Befragten Erfahrungen mit Erektionen hatten. Sieben der zehn gaben an, Ejakulationen gehabt zu haben, wobei vier auf Probleme dabei hinwiesen. Vier der zehn hatten Erfahrungen mit Sexualverkehr mit einer Frau gemacht.

Die Arbeitsgruppe um Gupta (Gupta et al. 2010, Neu-Delhi, Indien) befragte und untersuchte 60 Intersexe, die wegen verschiedener Diagnosen eine maskulinisierende Geschlechtszuweisung erfahren hatten. Während 46 der 60 Befragten (77 Prozent) mit dem zugewiesenen Geschlecht zufrieden waren, meinten lediglich neun der 60, dass sie in die Gesellschaft passten. Mit der Länge des Penis, die erigiert im Bereich 2,5 bis 9,0 cm (Median 5,5 cm) lag, waren 16 der 60 Befragten zufrieden; 42 der 60 Befragten waren hingegen unzufrieden auf Grund geringer Penislänge.

Auch die Gruppe um Sircili (Sircili et al. 2010, Sao Paulo, Brasilien) gelangte zu ähnlichen Ergebnissen. Sie schlussfolgerte, dass die Patienten überwiegend (89%) mit den Operationen zufrieden seien, allerdings geringe Penislänge und Probleme beim Sexualverkehr und Urinieren (Nachtropfen von Harn) als Beeinträchtigungen empfunden wurden. Göllü et al. (2007, Ankara, Türkei) ermittelten für ihre Stichprobe, dass sich bei acht der 23 (34 Prozent) untersuchten Intersexe mit männlicher Geschlechtszuweisung Komplikationen ergeben hatten, die eine erneute Operation notwendig machten.

Für Behandlungen von *Hypospadie* und von *Kryptorchismus* liegen mehr, aber ebenfalls heterogene, Untersuchungen vor. Auch dort deutet sich Unzufriedenheit der Behandelten an, wenn auch möglicherweise in geringerem Maße. Wang et al. (2009, Guangzhou, China) fanden bei wegen *Hypospadie* behandelten Jungen deutlich und signifikant häufiger Depressionen und kürzere Penislängen als in der Kontrollgruppe (Wang 2009; vgl. u.a. auch Schönbucher 2008; Jones 2009; Rynia 2009).

Ergebnisse der verweiblichenden chirurgischen und hormonellen Eingriffe: Für die *femininisierenden chirurgischen und hormonellen Behandlungen* bei Intersex liegen mittlerweile einige Studien zum anatomischen und funktionalen »Outcome« vor. Dabei stellen sich die Ergebnisse je nach Klinik teilweise äußerst unterschiedlich dar. Wie bei den *maskulinisierenden Behandlungen* gibt es keine verlässlichen Standards zur Bewertung des Behandlungserfolgs, so dass die Ergebnisse zwischen den einzelnen Kliniken kaum zu vergleichen sind.

Bei Alizai et al. (1999, Leeds, Großbritannien) war lediglich bei einem von 13 Untersuchten das Ergebnis der hergestellten Vagina (der *Vaginoplasty*) zufriedenstellend. Das Ergebnis der Klitorisreduktion bewertete die Gruppe um Alizai bei acht der 13 als zufriedenstellend, bei fünf der Behandelten fehlte die Klitoris *(Absence)* oder war »verkümmert« *(Atrophie)*. Die Arbeitsgruppe um Krege (Krege et al. 2000, Essen, BRD) ermittelte für neun der 25 behandelten Patient_innen eine Verengung *(Stenose)* der Vagina. Creighton et al. (2001, London, Großbritannien) untersuchten 44 Patient_innen, die eine feminisierende Behandlung erfahren hatten. Für 18 von ihnen (41 Prozent) beschrieben sie ein schlechtes kosmetisches Ergebnis der feminisierenden Operationen. Sie stellten fest, dass bei vielen der Patient_innen mehrere Operationen durchgeführt wurden.

Lean et al. (2005, Melbourne, Australien) kamen hingegen in der Bestandsaufnahme der an ihrem Institut durchgeführten Operationen zu dem Schluss, dass das anatomische und funktionale Ergebnis der Operationen generell gut war, sofern die Operation von einer mit Intersex vertrauten Mediziner_in vorgenommen wurde. Das kosmetische Ergebnis sei bei 70 Prozent der untersuchten Patient_innen gut, bei 23 Prozent zufriedenstellend und bei sieben Prozent schlecht gewesen. Die Klitoris bewerteten sie bei 82 Prozent der Behandelten, die Vaginalöffnung bei 59 Prozent als »normal«.

Sircili et al. (2006, Sao Paulo, Brasilien) beschrieben das Ergebnis der vorgenommenen feminisierenden Interventionen weitgehend positiv, bei sieben der 34 Untersuchten (21 Prozent) seien Probleme aufgetreten. Oswiecimska et al. (2009, Katowice, Polen) bewerteten für 36 von 43 Untersuchten das Behandlungsergebnis als gut, für vier als zufriedenstellend und für drei als schlecht, wobei bei zehn der 43 (23 Prozent) eine Verengung der Vagina festgestellt wurde. Bei drei der 43 zeigte sich, dass die Klitoris nach der operativen Reduktion gewachsen war. Moriya et al. (2009, Sapporo, Japan) ermittelte für sechs von 13 Patient_innen ein zufriedenstellendes Ergebnis der Operationen zur Herstellung der Vagina, bei den übrigen Patient_innen war sie hingegen teils stark verengt. Akbiyik et al. (2010, Ankara, Türkei) untersuchten 41 Intersexe, die eine feminisierende medizinische Behandlung erfahren hatten. Bei 14 von ihnen (34 Prozent) stellten sie eine Verengung der Vagina fest.

Göllü et al. (2007, Ankara, Türkei) ermittelten für ihre Stichprobe, dass bei 18 der 62 Untersuchten (29 Prozent) Komplikationen auftraten, die weitere Operationen nötig machten. Das hielten auch Kleinemeier et al. (2007) für den deutschsprachigen Raum fest. Häufig waren wiederholte Operationen erforderlich, um das letztlich vorliegende – und mehr den Erwartungen entsprechende – Erscheinungsbild der Genitalien zu erreichen. Übergreifend für die Operierten in ihrer Stichprobe (insgesamt 439 Untersuchte), die meist zu weiblichem, zu einem geringeren Anteil zu männlichem Geschlecht zugewiesen wurden, geben sie an: »*Insgesamt wurde bei der Hälfte aller Operierten lediglich eine Operation durchgeführt, bei einem Viertel zwei Operationen und bei 12% drei Operationen. Bei insgesamt 10% wurden vier oder mehr Operationen durchgeführt.«* (Kleinemeier 2007: 16) 41,5 Prozent der untersuchten operierten Kinder und Jugendlichen hatten bereits zwei oder mehr Operationen hinter sich.

Neben den eher auf Erscheinungsbild fokussierten Studien, die hiervon Rückschlüsse auf die Funktionalität der Genitalien ziehen, liegen mittlerweile auch Arbeiten vor, die Empfindlichkeit von Klitoris und Vagina untersuchten und auch Aussagen zur Kontinenz und Inkontinenz treffen (vgl. Hurwitz 2011: 172f). Crouch et al. (2004, 2008, London, Großbritannien) zeigten, dass die Erregbarkeit der Klitoris bei Patient_innen, die einer feminisierenden Behandlung unterzogen worden waren, bei Reizung mit Wärme, Kälte und Vibration herabgesetzt war. Die von den Patient_innen angegebene Häufigkeit von Sexualverkehr war geringer als in der Kontrollgruppe.

Zufriedenheit der Behandelten mit den medizinischen Interventionen: Die Studien zum anatomischen und funktionalen Outcome können mit Ergebnissen zur Behandlungszufriedenheit ergänzt werden. Auch hierzu liegen mittlerweile für den deutschsprachigen Raum und international einige Ausarbeitungen vor, die in einigen Fällen allerdings eigene Wertmaßstäbe zu akzeptabler Geschlechtsidentität und Geschlechtsrollenverhalten einfließen lassen. Wurde so beispielsweise Homosexualität aus der »Klassifikation der Krankheiten« *(ICD, Classification of desease)* gestrichen, wird sie in den Untersuchungen zu Intersex oft noch immer als ein deutliches Zeichen angeführt, dass sich keine »korrekte« und eindeutige Geschlechtsidentität ausgeprägt habe. Hier besteht also Nachholbedarf, den internationalen gesellschaftlichen und medizinischen Übereinkünften Rechnung zu tragen.

Im deutschsprachigen Raum hat die »Hamburger Forschergruppe Intersex« eine umfassende Studie zur Behandlungszufriedenheit, zum Erlernen einer eindeutigen *Geschlechtsrolle* und zur Etablierung eindeutiger *Geschlechtsidentität* bei wegen Intersex behandelten Patient_innen vorgelegt. Richter-Appelt et al. ermittelten, dass von den Patient_innen die in der weiblichen Geschlechtsrolle aufgezogen wurden und in der Regel im Kindesalter feminisierende chirurigische Behandlungen erfahren hatten, bei »Feminität« und »Sicherheit der Geschlechtsidentität« geringere Werte im Vergleich mit einer Kontrollgruppe erreicht wurden. Bei sozialen und sexuellen Interaktionen zeigten sich vergleichsweise größere Unsicherheiten (Brinkmann 2007; Richter-Appelt 2010).

Die für den deutschsprachigen Raum durchgeführte Studie des »Netzwerks Störungen der Geschlechtsentwicklung/Intersexualität« (Kleinemeier et al. 2007) mit insgesamt 439 Teilnehmenden ermöglichte es darüber hinaus, dass Patient_innen sich selbst zur Behandlungszufriedenheit äußerten und dass Eltern das Verhalten ihrer Kinder – und ggf. auftretende Verhaltensauffälligkeiten – bewerten konnten. Von den Befragten hatten vier Fünftel eine feminisierende oder maskulinisierende chirurgische Behandlung erfahren. Kleinemeier et al. (2007) stellen zur *Geschlechtsidentität* fest, dass sich hierfür weder bei den Jugendlichen, noch bei den Erwachsenen deutliche Abweichungen von der Kontrollgruppe zeigten. Eine größere Unsicherheit bezüglich der *Geschlechtsidentität* sei generell nicht festzustellen. Die Ergebnisse zur Zufriedenheit mit der medizinischen Behandlung – insbesondere Betreuung – weisen auf einige Schwachstellen hin: Bemängelt wurde von Eltern der lange Zeitraum der Diagnosestellung und der sich aus der Ungewissheit ergebende Mangel an Informationen zur weiteren Kindesentwicklung. Als problematisch wurde der nicht ausreichend sensible Umgang des medizinischen Fachpersonals mit den Fragen und Ängsten der Eltern angeführt. Die Behandlungszufriedenheit sei größer gewesen, wenn mit Intersex vertraute Ärzt_innen die Behandlung durchführten. Als hilfreich wurde vielfach der Kontakt zu Selbsthilfegruppen angeführt. Kritisiert wurde von vielen Erwachsenen, die in der Kindheit wegen Intersex behandelt wurden, dass sie keinerlei Information erhielten.

An Hand ihres standardisierten Fragebogens ermittelten Kleinemeier et al. (2007) einen »Zufriedenheitswert« von 23 Punkten auf einer Skala von maximal erreichbaren 32 Punkten. Sie kommen gemäß den Bewertungen in der wissenschaftlichen Literatur zu dem Schluss, dass *»die Erwachsenen unzufrieden mit ihrer Behandlung«* (S. 18) sind. Die befragten Kinder und Jugendlichen bewerteten ihre Lebensqualität geringer als dies die Kinder und Jugendlichen der Vergleichsgruppe taten; bezüglich der psychischen Gesundheit zeigten sich hingegen keine Auffälligkeiten (vgl. auch: Kleinemeier 2010). Für erwachsene Intersexe, die weiblich zugewiesen worden waren und in einer weiblichen Geschlechtsrolle leben, ermittelten Kleinemeier et al. bezüglich der Bewertung der allgemeinen Lebensqualität und des psychischen und körperlichen Befindens niedrigere Werte als in der Kontrollgruppe. Bei Intersexen, die männlich zugewiesen worden waren und in einer männlichen Geschlechtsrolle leben, zeigten sich zur Kontrollgruppe hingegen keine Unterschiede. Psychische Probleme und Verhaltensauffälligkeiten traten aber insgesamt bei etwa der Hälfte der erwachsenen Intersexe auf. Bezogen auf Sexualität zeigte sich, dass Intersex-Jugendliche noch deutlich weniger sexuelle Erfahrungen hatten als gleichaltrige Nicht-Intersexe (vgl. auch: Kleinemeier 2010). Den Anteil der Erwachsenen, die noch keinerlei sexuelle Kontakte hatten, bewerteten Kleinemeier et al. (2007) als »recht hoch«.

Für eine Untergruppe, bestehend aus 57 *XY,DSD*-Patient_innen aus der vorgenannten Studie, finden sich die Ergebnisse im Fachartikel von Köhler et al. (2011) detailliert ausgeführt. Die Unzufriedenheit mit dem Operationsergebnis und der Empfindsamkeit der Klitoris ist mit 47,1 Prozent bzw. 47,4 Prozent groß. Von den zehn Patient_innen, die einer *maskulinisierenden Operation* unterzogen wurden, waren acht insgesamt mit der Behandlung zufrieden, wobei vier der zehn Unzufriedenheit mit dem kosmetischen und sieben Unzufriedenheit mit dem funktionalen Operationsergebnis äußerten. Probleme beim Sexualverkehr waren häufig.

Schönbucher et al. (2010, Hamburg, BRD) kommen bezüglich der Untergruppe *XY, DSD* (47 Untersuchte) zu ähnlichen Ergebnissen. Indes verglichen sie chirurgisch unveränderte Personen – also solche, die keiner Operation unterzogen worden waren – und chirurgisch behandelte Personen mit *XY, DSD* miteinander. Sie stellten fest, dass diejenigen, die operativ behandelt wurden, häufiger über sexuelle Probleme klagten und Unzufriedenheit mit dem Sexualleben angaben als die, die chirurgisch unverändert geblieben waren. Zudem fühlten sie sich häufiger generell im sozialen Kontakt unsicher. Aber auch die chirurgisch unveränderten Personen führten Probleme an, so berichteten sie häufiger von »Furcht vor sexueller Interaktion«.

Warne et al. (2005, Melbourne, Australien) kamen bei einer Stichprobe von 50 Teilnehmenden zum Ergebnis, dass es bezüglich physischer und psychischer Gesundheit keine Unterschiede der wegen Intersex behandelten Personen zu Kontrollgruppen gab. Insgesamt waren die Befragten mit dem körperlichen Erscheinungsbild zufrieden, nur in der Gruppe der männlich zugewiesenen Intersexe war die Zufriedenheit mit dem Erscheinungsbild der Genitalien geringer. Signifikant messbare Unterschiede zeigten Warne et al. (2005) bezüglich sexueller Faktoren. Erfahrungen mit

Orgasmen waren geringer, Schmerzen beim Sexualverkehr verbreiteter, Schwierigkeiten bei der Penetration traten auf, Sexualverkehr wurde in geringerem Maße gewünscht als in der Kontrollgruppe.

Bezüglich der Information über die Behandlungen haben Liao et al. (2010, London, Großbritannien) eine weitere, die Ergebnisse von Kleinemeier et al. ergänzende Studie vorgelegt. Sie ermittelten, dass ein Großteil der älteren Patient_innen erst spät die Diagnose erfuhr, wogegen es bei den jüngeren (< 27 Jahre) deutlich früher der Fall war. Eine frühere und differenziertere Information wünschen sich viele der Befragten, während nur ein sehr kleiner Teil wünscht, niemals informiert zu werden.

Feststellungen der Intersex-Bewegung: Zur Beurteilung des Ergebnisses der medizinischen Interventionen und der Zufriedenheit der Behandelten mit den Eingriffen sind außerdem Stimmen aus der Intersex-Bewegung hinzuzuziehen. Im deutschsprachigen Raum sind insbesondere die Vereinigungen *Intersexuelle Menschen e.V.*, *Zwischengeschlecht.org*, *XY-Frauen* und die *Deutsche Gesellschaft für Transidentität und Intersexualität e.V.* in Erscheinung getreten. Aus den eigenen Erfahrungen und der jeweiligen Beratungspraxis wurden Ableitungen gezogen und Forderungen formuliert. So wird im *Parallelbericht zum 5. Staatenbericht der Bundesrepublik Deutschland zum Übereinkommen gegen Folter und andere grausame, unmenschliche oder erniedrigende Behandlung oder Strafe (CAT)* aus dem Jahr 2011, der von *Intersexuelle Menschen e.V.* und *XY-Frauen* erarbeitet wurde, formuliert:

> »Die **Entnahme der Gonaden** [Keimdrüsen, Anm. HV] führt zur Unfruchtbarkeit und zu einem schweren Hormonmangel, der in früher Kindheit in der Regel unbehandelt bleibt und später lebenslang mit Hormonpräparaten ausgeglichen werden muss, die für andere Zwecke, somit nicht für diesen Personenkreis gedacht sind. Hieraus ergeben sich schwere

physische und psychische Nebeneffekte. Die **operative Feminisierung des Körpers** erfolgt oft durch Beschneidung der Klitoris unter Verlust der erotischen Empfindsamkeit, sowie durch operative Herstellung einer künstlichen Vagina, die dann durch traumatisierende und schmerzhafte regelmäßige Dehnung für die spätere Penetration vorbereitet wird. Dabei werden die Betroffenen oder ihre Sorgeberechtigten häufig völlig unzureichend informiert, insbesondere nicht darüber, dass diese Misshandlungen in der Regel medizinisch gar nicht erforderlich sind [...].

Diese Behandlungsweise erzeugt **schwere physische und psychische Leiden** [...], die für das medizinische Personal vorhersehbar sind, so dass von einem **vorsätzlichen Handeln** auszugehen ist [...]. Die Zufügung dieser Leiden basiert auf dem **Diskriminierungsgrund Geschlecht**, da sie den Betroffenen nur aufgrund der Nonkonformität ihrer Körper und Identitäten mit der vorherrschenden Geschlechternorm drohen [...]. Da solche Behandlungen in **staatlichen Krankenhäusern** und mit staatlicher Krankenversicherung durchgeführt werden und private Behandlungen staatlicherseits trotz Kenntnis nicht verhindert werden [...], **verstößt die Bundesrepublik Deutschland gegen ihre Pflicht zur Verhütung von Folter und grausamer, unmenschlicher oder erniedrigender Behandlung** (Art. 1, 2, 16 CAT). Zudem werden die Pflichten zur Fortbildung und Information des medizinischen Personals über das Folterverbot nicht adäquat umgesetzt (Art. 10 CAT).

Betroffene haben dabei aufgrund der Verjährungsfristen und der restiktiven Praxis der Akteneinsicht in Krankenhäusern erhebliche **Schwierigkeiten bei der Rechtsdurchsetzung.**«
(Parallelbericht 2011: 5; Hervorhebungen im Original)

Es schließen sich Forderungen an, jegliche Entfernungen von Keimdrüsen *(Gonadektomien)* an Kindern (außer in medizinischen Notfällen) und jegliche kosmetische Operationen an den Genitalien von Kindern zu unterbinden. Es wird eine vollständige *»aufklärungsbasierte Einwilligung von Eltern, jungen und erwachsenen Betroffenen«* gefordert, die zur Grundlage hat:

»Vollständige Information, mündlich und schriftlich, über die Quantität und Qualität der Forschung die die Behandlung empfiehlt; über die Behandlungsalternativen, einschließlich der Nichtbehandlung, und ihre zu erwartenden Folgen; über erforderliche Folgebehandlungen wie Hormonersatztherapie für Gonadektomie oder Dilatation für Vaginal-OPs, einschließlich der physiologischen und psychologischen Nebenwirkungen und Langzeitwirkungen; über die Rechtslage in Bezug auf elterliche Einwilligung einschließlich des Rechtes des Kindes auf eine offene Zukunft; über die Existenz von Selbsthilfegruppen.« (Parallelbericht 2011: 29)

Situationen der Machtlosigkeit von Eltern und Betroffenen im medizinischen Geschehen sollten verhindert und Unterstützung gewährleistet werden. Das medizinische Fachpersonal solle aufgeklärt werden, auch darüber, *»dass nichtindizierte Gonadektomie und feminisierende Operationen Folter und grausame, unmenschliche oder erniedrigende Behandlung darstellen und strafbar sind.«* (Parallelbericht 2011: 29) Zusätzlich werden rechtliche Forderungen nach Rehabilitierung und Wiedergutmachung gestellt.

Neben solchen sind auch die übrigen Forderungen der Schweizer Initiative *Zwischengeschlecht.org* ähnlich gelagert. Konkret heißt es in einer Stellungnahme an den Deutschen Ethikrat:

»Wir fordern ein gesetzliches Verbot aller kosmetischen Genitaloperationen und kosmetischen Hormonbehandlungen an Kindern und Jugendlichen in Verbindung mit einer Aufhebung, Aussetzung oder Verlängerung der Verjährung, wie diese auch bei weiblicher Genitalverstümmelung und sexualisierter Gewalt an Kindern gefordert wird.
Eltern haben kein Recht, für ihre Kinder kosmetischen Genitaloperationen und kosmetischen Hormonbehandlungen zuzustimmen. Solche Eingriffe verletzen das Recht auf körperliche Unversehrtheit der Kinder und berühren ihre höchstpersönlichen Rechte.

> Erlaubt bleiben sollen einzig medizinisch zwingend notwendige Eingriffe, d.h. Eingriffe, deren Aufschiebung irreversible körperliche medizinische Beschwerden zur Folge hätte, z.B. chirurgische Eingriffe zur Behebung von Verschlüssen oder Behinderungen im harnableitenden System und Hormonbehandlungen z.B. bei Cortisolmangel oder zur Aufschiebung vorzeitiger Pubertät.« (Zwischengeschlecht 2011)

Forderungen der Intersex-Bewegung nach einem sofortigen Ende aller geschlechtzuweisenden chirurgischen und hormonellen Behandlungen werden seit Jahren in ähnlicher Weise formuliert. Das zeigte sich bereits an den Ausführungen von Michel Reiter aus dem Jahr 2000. Diese Kritiken sind grenzüberschreitend und erfolgen unter anderem auch durch die *Intersex Society of North America (ISNA).*

Zusammenfassung der Ergebnisse der Evaluation der medizinischen Eingriffe und der Behandlungszufriedenheit

Aus den vorliegenden anatomischen und funktionalen Untersuchungen zu den Ergebnissen der chirurgischen und hormonellen Interventionen zeichnet sich ab, dass der Erfolg bezüglich des Erscheinungsbildes aus Sicht der begutachtenden Mediziner_innen heterogen ausfällt. Sowohl bei den feminisierenden als auch bei den maskulinisierenden Eingriffen traten in größerem Maße Komplikationen auf, die nicht als einmalige bzw. seltene Ereignisse eingeordnet werden können. Sie machten oft wiederholte chirurgische Eingriffe nötig.

Orientierten die *maskulinisierenden Operationen und hormonellen Behandlungen* insbesondere darauf, eine gesellschaftlich akzeptable Penislänge zu erzielen und möglichst funktionsfähige Hoden zu erreichen, abgeleitet aus der Annahme, *»dass ein Kind mit einem zu kleinen Penis keine ungestörte psychosexuelle Entwicklung zu einem Mann* *durchlaufen könne«* (vgl. Richter-Appelt 2007: 57), werden beide den medizinischen Eingriffen zu Grunde liegenden Ziele nicht erreicht. Übereinstimmend kommen die vorgestellten Studien zu dem Ergebnis, dass die Länge des erigierten Penis bei vielen der Untersuchten kurz war und dass nur bei wenigen funktionsfähige Hoden vorlagen. Zeigten sich zwar viele der Patient_innen mit der maskulinisierenden Behandlung grundsätzlich zufrieden, so bemängeln viele (in den Studien teilweise deutlich über 50 Prozent der Befragten) die geringe Penislänge und geben in den Studien, in denen dies erhoben wurde, in großer Zahl Probleme bei der Ejakulation und beim Wasserlassen an (etwa 30-40 Prozent). Ziel der maskulinisierenden Behandlung war es nun aber gerade, eine mit der »Norm« weitgehend vergleichbare Penislänge zu erzielen, um die Ausbildung einer eindeutigen *Geschlechtsidentität* zu ermöglichen und damit gegen die Patient_in gerichteter Diskriminierung und Gewalt vorzubeugen.

Bei den *feminisierenden chirurgischen und hormonellen Behandlungen* lassen sich je nach Studie unterschiedliche Werte zum Behandlungserfolg bezüglich der anatomischen und funktionalen Erscheinung der Genitalien und zur Behandlungszufriedenheit ermitteln. Verallgemeinerbar scheint, dass bei 20 bis 30 Prozent der Patient_innen das anatomische und funktionale Ergebnis der Operation(en) nicht zufriedenstellend war und deutliche Komplikationen wie die Verengung der Vagina auftraten. Einige Studien ergaben hier deutlich höhere Werte an Komplikationen. Oft mussten mehrere Operationen erfolgen. Die Unzufriedenheit der behandelten Patient_innen mit dem Operationsergebnis liegt in den wenigen psychologisch orientierten Studien ebenfalls hoch. Die Empfindsamkeit der Klitoris (falls sie nicht vollständig entfernt wurde) und der Vagina zeigte sich experimentell bei einem großen Teil der Untersuchten herabgesetzt; dies wurde von den Betroffenen auch so empfunden. Weitere Ergebnisse zeigen, dass die Erfahrungen mit Orgasmen geringer und Schmerzen beim Sexualverkehr häufiger sind als in Kontrollgruppen. Die Ergebnisse zur psychischen Gesundheit und zur Ausbildung einer eindeutigen *Geschlechtsidentität* stellen sich uneinheitlich dar – es gibt jedoch durchgehend Hinweise darauf, dass sich bei sozialen Kontakten und sexuellen Interaktionen häufiger Unsicherheiten ergeben als in Kontrollgruppen.

Eine erste Untersuchung (Schönbucher 2010) ermöglicht einen Vergleich von Patient_innen, die einer femininisierenden chirurgischen Behandlung unterzogen worden waren, und solchen, die chirurgisch unverändert geblieben sind (zehn Patient_innen in der Untersuchung). Dabei zeigt sich, dass die operativ behandelten Patient_innen häufiger über sexuelle Probleme und allgemein Probleme im Sexualleben klagten und dass die Empfindsamkeit der Klitoris deutlich häufiger als nicht zufriedenstellend beurteilt wurde, als es bei den nicht operativ behandelten Patient_innen der Fall war.

Die ersten »Outcome-Studien« unterstützen folglich die Beschreibungen der politisch aktiven Intersexe. Auch »wissenschaftlich abgesichert« zeigen sich häufig Probleme in Bezug auf das anatomische und funktionale Ergebnis der maskulinisierenden und femininisierenden chirurgischen Behandlungen – und es werden von den Patient_innen häufig Probleme empfunden. Zudem zeigen sich häufiger als in Kontrollgruppen Probleme bezüglich der sozialen und der sexuellen Interaktion. Und es gibt zumindest einen ersten Hinweis darauf, dass es Patient_innen, die keiner feminisierenden chirurgischen Behandlung unterzogen wurden, *sogar besser* geht als denen, die operiert wurden. Für die medizinethische Bewertung der Behandlungspraxis wäre es indes gar nicht notwendig, dass es denjenigen die nicht chirurgisch verändert wurden besser ginge, *es wäre ausreichend, dass es ihnen nicht schlechter gehen würde*, weil dann durch den Verzicht auf eine Operation unnötige Gefahren von der Patient_in abgewendet werden könnten.

Oft beklagt wurde von den chirurgisch behandelten Patient_innen und / oder ihren Eltern die mangelnde Information durch das medizinische Fachpersonal.

Ableitungen aus den Ergebnissen zur Behandlungszufriedenheit vor dem Hintergrund einer sich pluralisierenden Gesellschaft

Im Folgenden werden die dargestellten Ergebnisse aus den Evaluationen der medizinischen Behandlungen und den Darstellungen der Intersex-Bewegung gesellschaftlich eingebunden und vor dem Hintergrund einer Gesellschaft diskutiert, die sich bezüglich geschlechtlicher und sexueller Merkmale pluralisiert.

Medizinethische Erwägung

Die medizinische Behandlung soll *der Patient_in nutzen* – so einer der allgemeinen Grundsätze, der handlungsleitend für Ärzt_innen ist. Die medizinische Behandlung orientiert darauf, *Schaden von der Patient_in abzuwenden* und zu einer *Heilung lebensbedrohlicher und als belastend oder einschränkend empfundener Merkmale und Lebensumständen* beizutragen. Zunehmend wird *Selbstbestimmung* betont, wobei diese auch dann teilweise als gewährleistet angesehen wird, wenn Eltern für ihre Kinder oder eine gesetzlich eingesetzte Betreuer_in stellvertretend für die Patient_in entscheidet. Juristisch wird der Wille der Patient_in zunehmend betont – zuletzt geschah dies in einer Klarstellung des Bundesgerichtshofs zum Patientenverfügungsgesetz (Entscheidung vom 25.06.2010).

Der Begründungszusammenhang für das aus Baltimore auch in der Bundesrepublik Deutschland übernommene Behandlungsprogramm orientierte auf eine Gesellschaft mit einer hohen Intoleranz gegenüber »Andersartigkeit«. Es sollte ein uneindeutiges Erscheinungsbild des Genitals vermieden werden, um Erwartungen, Druck und Diskriminierung von dem betroffenen Menschen zu nehmen. Damit sollte es ihm innerhalb der deutlich auf zwei Geschlechter orientierten Gesellschaft auch möglich werden, eine eindeutige *Geschlechtsrolle* anzunehmen und eine eindeutige *Geschlechtsidentität* zu entwickeln. Die Behandlung zielte, dem medizinischen Grundsatz und Ethos gemäß, darauf ab, dem Kind ein besseres Leben zu gewährleisten, als es das mit unveränderten Genitalien hätte.

Das Streiten von Intersexen seit den 1990er Jahren hat auf Probleme der feminisierenden und maskulinisierenden chirurgischen Eingriffe hingewiesen. Es wurde vorgebracht, dass die medizinische Behandlung als traumatisierend und schmerzhaft erlebt wurde und dass mit ihr körperliche Leiden verbunden sind. Beklagt wurde zudem eine unzureichende Aufklärung der Eltern und der Patient_innen. Problematisiert wurde auch, dass Patient_innen – oft ohne Zustimmung – als Anschauungsobjekte für wissenschaftliche Literatur genutzt und Gruppen von Studierenden vorgeführt wurden (vgl. u.a. Richter-Appelt 2007). Durch die vorliegenden wissenschaftlichen Studien wird diese Perspektive gestützt. Die Beschreibungen der Intersex-Bewegung und die Ergebnisse der wissenschaftlichen Studien widersprechen damit dem medizinischen Grundsatz und Ethos. Das Behandlungsprogramm hat den behandelten Menschen in großer Zahl *nicht genutzt*, sondern *geschadet*. Auf Grund der Häufigkeit der Komplikationen bei den Eingriffen können sie nicht als »einmalig« oder »selten« eingeordnet werden.

Damit ergibt sich notwendig: *Da die Behandlungspraxis den behandelten Menschen schadet und nicht nutzt, muss sie dem medizinischen Grundsatz und Ethos gemäß aufgegeben werden.* Das derzeitige Behandlungsprogramm kann damit nicht weiter Grundlage bleiben und nur »verbessert werden«, da anzunehmen wäre, dass damit lediglich der durch das Behandlungsprogramm entstehende Schaden verringert würde. Notwendig für die Rechtfertigung eines Behandlungsprogramms wäre es aber, nicht nur den durch die Behandlung entstehenden *Schaden* zu verringern, sondern einen *Nutzen* für die Patient_in zu erreichen.

Sich pluralisierende Gesellschaft

Die institutionelle Situation in der Bundesrepublik Deutschland und in der Europäischen Union pluralisiert sich aktuell. Es werden Menschenrechte betont. Es soll physischer und psychischer Schaden von Menschen abgewendet und die Gesundheit der Menschen geschützt und gefördert werden – das gilt zumindest bereits für diejenigen Menschen, die in der Europäischen Union eine Staatsangehörigkeit erhalten haben. Seit den 1990er Jahren setzt sich diese Wertschätzung der Menschen auch bezüglich geschlechtlicher und sexueller Identitäten durch. Homosexualität wurde legalisiert, Partnerschaften gleichgeschlechtlicher Paare ermöglicht und Antidiskriminierungsregelungen erlassen. Wenngleich Probleme in der Umsetzung bestehen und verschiedentlich über Diskriminierungen und auch Gewalt von Seiten staatlicher Institutionen wie der Polizei berichtet wird, so *zielt die institutionelle Entwicklung dennoch auf Anerkennung von Menschen auch in ihrer Verschiedenheit* ab. Das gilt auch bezüglich geschlechtlicher Identität und sexueller Orientierung, die einen Hinweis dafür geben können, inwieweit auch die Pluralität physischer geschlechtlicher Merkmale anerkannt werden könnte.

Dass die Entwicklung dahingeht, auch vielfältige geschlechtliche Identitäten wertzuschätzen, zeigt sich exemplarisch bezüglich der Behandlung von Transsexuellen. So hat das Bundesverfassungsgericht die bisherige Behandlung der Transsexuellen gerügt. Beanstandet werden dabei insbesondere operative Eingriffe, die laut dem seit 1981 gültigen Transsexuellengesetz notwendig waren, um den Personenstand ändern zu lassen. Das Bundesverfassungsgericht stellt fest:

> »Eine Operation, mit der die Geschlechtsmerkmale eines Menschen großteils entfernt beziehungsweise so umgeformt werden, dass sie im Aussehen dem empfundenen Geschlecht möglichst weitgehend entsprechen, stellt eine massive Beeinträchtigung der von Art. 2 Abs. 2 GG geschützten körperlichen Unversehrtheit mit erheblichen gesundheitlichen Risiken und Nebenwirkungen für den Betroffenen dar.« (Bundesverfassungsgericht 2011)

Solche Operationen dürfen damit vom Gesetzgeber nicht mehr vorgeschrieben werden. Gilt diese Rechtsprechung hier explizit für Transsexualität, so weist auch sie – und das ist hier relevant – in eine Richtung, *Verschiedenartigkeit stärker anzuerkennen*. Bisher als gerechtfertigt geltende gesetzliche Regelungen für einen Geschlechtswechsel – wie hier Operationen – gelten juristisch nicht mehr als akzeptabel.

In Bezug auf medizinische Eingriffe bei Intersexen ist juristisch in der Bundesrepublik Deutschland zudem relevant, dass im Bürgerlichen Gesetzbuch *(§1631c, §1904-1906: enge Grenzen zur Einwilligung in Sterilisation)* und im Strafgesetzbuch *(§90 Abs. 3: Nicht-Einwilligungsfähigkeit in die Verletzung der Genitalien)*, nach den Erfahrungen mit den Nazis, hohe Hürden für operative Eingriffe an Genitalien gesetzt sind. In der bisherigen Rechtsgeltung wurden maskulinisierende und femininisierende chirurgische Behandlungen bei Intersex als medizinische Notwendigkeit betrachtet; sie wurden auf diese Weise legitimiert. Da die Untersuchungen zu den Operationsergebnissen und der Zufriedenheit der Betroffenen aber deutlich zeigen, dass die Behandlungen den Patient_innen nicht nutzen, sondern schaden, ist hier mit einer anderen juristischen Einordnung zu rechnen. Das ist auch daraus absehbar, dass die angeführten Regelungen des Bürgerlichen Gesetzbuches und des Strafgesetzbuches in Zusammenhang mit Artikel 2 Absatz 2 des Grundgesetzes (Recht auf Leben und *körperliche Unversehrtheit*) gelesen werden und damit gegenüber den Regelungen etwa des Personenstandsgesetzes als vorrangig einzuordnen sind (vgl. etwa Kolbe 2010). Und bezüglich des Personenstandsgesetzes hat ja auch der Deutsche Ethikrat in seiner Stellungnahme dem Bundestag Änderungen empfohlen.

Auch die Medizin trägt den aktuellen juristisch-gesellschaftlichen Entwicklungen der *zunehmenden Anerkennung von Verschiedenheit* Rechnung. International hat das beispielsweise dazu geführt, dass Homosexualität nicht mehr als Krankheit gilt. Die Vereinigungen der Ärzt_innenschaft äußern sich zunehmend deutlich gegen Therapieversuche, in denen Homosexuelle zu Heterosexualität »umgepolt« werden sollen. Auch zeigen sich bereits Anzeichen dafür, dass die sexuelle Orientierung nicht mehr als Indiz für die Ausprägung einer eindeutigen *Geschlechtsidentität* herangezogen wird, sondern dass hier Hetero- und Homosexualität zunehmend gleichermaßen akzeptiert sind.

Aus einer institutionell orientierten gesellschaftlichen Perspektive lassen sich somit wesentliche Änderungen gegenüber der Situation der 1950er Jahre feststellen, in der gerade in der Bundesrepublik Deutschland noch massive Verfolgungen auf Grund von »Andersartigkeit« stattfanden (zum Beispiel: Verfolgung von Homosexuellen). Die Argumentation aus den 1950er Jahren zur Umsetzung des Baltimorer Behandlungsprogramms ist damit zumindest aus einer institutionellen Perspektive zunehmend hinfällig.

Im Zusammenleben der Menschen zeigt sich zwar in der Bundesrepublik Deutschland und der Europäischen Union weiterhin Intoleranz verbreitet, wie die Ausarbeitungen des Bielefelder Instituts für interdisziplinäre Konflikt- und Gewaltforschung zum »Syndrom gruppenbezogene Menschenfeindlichkeit« deutlich zeigen (vgl. Heitmeyer 2011; Zick 2011). Angst vor und Hass auf »Andersartigkeit« ist erschreckend weit verbreitet. Das führt innerhalb großer Teile der Bevölkerung zu Ängsten, von der Norm abzuweichen, zu entsprechenden psychischen Krankheitsbildern und zu Verhaltensweisen, die den akzeptierten gesellschaftlichen Normen näher zu kommen versprechen. Gleichzeitig sind aber auch gesellschaftlich breite Debatten in Gang gekommen, Vielfalt und »Andersartigkeit« von Menschen anzuerkennen. Auch orientieren staatliche Programme auf die Förderung von Toleranz und Akzeptanz und sichern zumindest weitegehenden juristischen Schutz vor gewalttätigen Übergriffen zu.

Auch ist es bei anderen Merkmalen, bei denen Ausgrenzung und Gewalt von Seiten der Mitmenschen drohen – wie (weibliches) Geschlecht, Haar- oder Hautfarbe, Obdachlosigkeit, Homosexualität etc. –, keineswegs (mehr) medizinisches Anliegen, die »Andersartigkeit« zu tilgen, um so einen Schutz vor Übergriffen und ein »Zurechtfinden« und »Wohlfühlen« in der Gesellschaft zu ermöglichen. In jedem Fall kann der Schaden, der Intersexen in Einzelfällen durch die Mitmenschen droht, nicht den physischen und psychischen Schaden rechtfertigen, der auf Grundlage der »Outcome-Studien« und der Erhebungen zur Behandlungszufriedenheit mit den medizinischen Eingriffen für sie grundsätzlich zu erwarten ist. Auch erscheint es vor dem Hintergrund der »Outcome-Ergebnisse« der medizinischen Behandlungen fraglich, ob sich der durch Mitmenschen drohende Schaden durch die Behandlungen abwenden ließe – so entsprechen die erreichten Erscheinungsbilder beispielsweise der männlichen Genitalien auch mit diesen Behandlungen weiterhin nicht der gesellschaftlichen Norm und zeigten sich sowohl bei chirurgisch behandelten als auch bei den chirurgisch nicht behandelten Menschen Furcht und Scham vor sozialer und sexueller Interaktion in größerem Maße als in den Kontrollgruppen.

Als »Behandlungsmöglichkeit« erscheint es damit einzig sinnvoll, die Anerkennung von Verschiedenheit weiter zu fördern, auch in der medizinischen Praxis. Dennoch auftretende Diskriminierungen gegenüber Intersexen könnten durch eine individuelle soziale Betreuung und Begleitung der Intersexe, ihrer Eltern und des sozialen Umfeldes, wie von Groneberg, Werlen und Zehnder (*»Empfehlungen«* in: Groneberg 2008: S. 215-223) vorgeschlagen, erkannt und wahrscheinlich behoben werden.

Die Untersuchung ergibt, dass bei der Anwendung feminisierender und maskulinisierender chirurgischer und hormoneller Eingriffe zu erwarten ist, dass sie dem behandelten Menschen schaden. Lediglich bei vollständiger Aufklärung *durch eine einwilligungsfähige Patient_in selbst* veranlasst, könnten diese Behandlungen im Sinne der Patient_innenselbstbestimmung akzeptabel sein. Eine Einwilligungsfähigkeit der Eltern für ihre Kinder in diese Behandlungen ist nicht gegeben, weil die Entscheidung der Eltern darauf zielen soll, Schaden von ihren Kindern abzuwenden und für ihr Wohlergehen zu sorgen.

Zitierte Literatur

Akbiyik F et al. (2010): Feminizing genitoplasty: an evaluation of 41 patients in 8 years. Turk J Med Sci 2010, 40 (5): 813-818.

Alizai et al. (1999): Feminizing genitoplasty for congenital adrenal hyperplasia: what happens at puberty? J Urol. 1999, 161(5): 1588-91.

Bauer, T (2011): Die Kultur der Ambiguität. Eine andere Geschichte des Islams. Berlin: Verlag der Weltreligionen im Insel Verlag.

Blanc T et al. (2011): Testicular function and physical outcome in young adult males diagnosed with idiopathic 46 XY disorders of sex development during childhood. Eur J Endocrinol. 2011, 165(6): 907-15.

Brand, T (1787): The Case of a Boy, Who Had Been Mistaken for a Girl; With Three Anatomical Views of the Parts, Before and After the Operation and Cure. London: J. Murray and J. Bew.

Brisson, L (2002): Sexual Ambivalence – Androgyny and Hermaphroditism in Graeco-Roman Antiquity. Translation by J. Lloyd. Berkley etc.: University of California.

Brooten, B J (1996): Love between women – early christian responses to female homoeroticism. Chicago etc.: The University of Chicago Press.

Bundesverfassungsgericht (2011): BVerfG, 1 BvR 3295/07 vom 11.1.2011, Absatz-Nr. (1 - 77), http://www.bverfg.de/entscheidungen/rs20110111_1bvr329507.html (Zugriff: 3.3.2012)

Göllü G et al. (2007): Ambiguous genitalia: an overview of 17 years' experience. J Pediatr Surg. 2007, 42(5): 840-4.

Creighton SM et al. (2001): Objective cosmetic and anatomical outcomes at adolescence of feminising surgery for ambiguous genitalia done in childhood. Lancet. 2001, 358(9276): 124-5.

Crouch NS et al. (2004): Genital sensation after feminizing genitoplasty for congenital adrenal hyperplasia: a pilot study. BJU Int. 2004, 93(1): 135-8.

Crouch NS et al. (2008): Sexual function and genital sensitivity following feminizing genitoplasty for congenital adrenal hyperplasia. J Urol. 2008, 179(2): 634-8.

Daston, L, Park, K (1985): Hermaphrodites in Renaissance France. Critical matrix, 1985, 1 (5): S.1-19.

Deutscher Ethikrat (2012): Stellungnahme Intersexualität. Online: http://www.ethikrat.org/dateien/pdf/stellungnahme-intersexualitaet.pdf (Zugriff: 3.3.2012)

Duncker, A (2003): Gleichheit und Ungleichheit in der Ehe: Persönliche Stellung von Frau und Mann im Recht der ehelichen Lebensgemeinschaft 1700-1914. Köln etc.: Böhlau Verlag.

Foucault, M (1983): Der Wille zum Wissen. Sexualität und Wahrheit I. Frankfurt / Main: Suhrkamp.

Foucault, M (2003 [1976]): Das Abendland und die Wahrheit des Sexes. In: Foucault, M (2003): Schriften in vier Bänden – Dits et Ecrits. Band III, 1976-1979. Frankfurt/Main: Suhrkamp, S.135-140.

Groneberg, M, Zehnder, K (Hrsg., 2008): »Intersex« – Geschlechtsanpassung zum Wohl des Kindes? Erfahrungen und Analysen. Freiburg: Academic Press Fribourg / Paulusverlag.

Gross, S D (1852): Case of Hermaphroditism, involving the Operation of Castration and illustrating a new principle in Juridical Medicine. The American journal of the medical sciences, 1852, 24: 386-390.

Gupta D et al. (2010): Long-term psychosocial adjustments, satisfaction related to gender and the family equations in disorders of sexual differentiation with male sex assignment. Pediatr Surg Int. 2010, 26(10): 955-8.

Hanson, A E (1991): The restructuring of female physiology at Rome. In: Mudry, P, Pigeaud, J (Hrsg.): Les ecoles medicales a Rome. Actes du 2ème Coloque international sur les textes médicaux latins antiques, Lausanne, septembre 1986. Geneve: Librairie Droz S.A., S.255-268.

Heitmeyer W (Hrsg., 2011): Deutsche Zustände. Folge 10. Frankfurt / Main: Surkamp.

Hurwitz RS (2011): Feminizing surgery for disorders of sex development: evolution, complications, and outcomes. Curr Urol Rep. 2011, 12(2): 166-72.

Jones BC et al. (2009): Early hypospadias surgery may lead to a better long-term psychosexual outcome. J Urol. 2009, 182(4 Suppl): 1744-9.

Karkazis K (2008): Fixing Sex: Intersex, Medical Authority, and Lived Experience. Durham: Duke University Press.

Kleinemeier E, Jürgensen M (2007): Erste Ergebnisse der Klinischen Evaluationsstudie im Netzwerk Störungen der Geschlechtsentwicklung/Intersexualität in Deutschland, Österreich und Schweiz Januar 2005 bis Dezember 2007. Netzwerk Intersexualität, http://www.netzwerk-dsd.uk-sh.de. (Stand: 3.3.2012)

Kleinemeier E et al. (2010): Psychological adjustment and sexual development of adolescents with disorders of sex development. J Adolesc Health. 2010, 47(5): 463-71.

Klöppel, U (2010): XX0XY ungelöst: Hermaphroditismus, Sex und Gender in der deutschen Medizin. Eine historische Studie zur Intersexualität. Bielefeld: Transcript Verlag.

Köhler B et al. (2011): Satisfaction with Genital Surgery and Sexual Life of Adults with XY Disorders of Sex Development: Results from the German Clinical Evaluation Study. J Clin Endocrinol Metab. 2011 (Epub).

Kojima Y et al. (2009): Long-term physical, hormonal, and sexual outcome of males with disorders of sex development. J Pediatr Surg. 2009, 44(8): 1491-6.

Kolbe A (2010): Intersexualität, Zweigeschlechtlichkeit und Verfassungsrecht: Eine interdisziplinäre Untersuchung. Baden-Baden: Nomos.

Krege S et al. (2000): Long-term follow-up of female patients with congenital adrenal hyperplasia from 21-hydroxylase deficiency, with special emphasis on the results of vaginoplasty. BJU Int. 2000, 86(3): 253-9.

Landau, T. (1904): Mann oder Weib? Bemerkungen zu dem Aufsatz v. Neugebauer's in d. Bl. 1904 Nr. 2. Zentralblatt für Gynäkologie, 1904, 7: 203-4.

Lean WL et al. (2007): Clitoroplasty: past, present and future. Pediatr Surg Int. 2007, 23(4): 289-93.

Liao LM et al. (2010): Service users' experiences of obtaining and giving information about disorders of sex development. BJOG. 2010, 117(2): 193-9.

Looijenga LH et al. (2010): Gonadal tumours and DSD. Best Pract Res Clin Endocrinol Metab. 2010, 24(2): 291-310.

Mak, G (2004): Das vergeschlechtlichte Selbst als Nebenprodukt der medizinischen Geschlechter-Konstruktion. Hermaphroditen in klinischen Begegnungen im 19. Jahrhundert. Invertito, 2004, 6: S.95-109.

Mak, G (2005): »So we must go behind even what the microscope can reveal«. The Hermaphrodite's »Self« in Medical Discourse at the Start of the Twentieth Century. GLQ, 2005, 11 (1): S.65-94.

Moriya K et al. (2009): Long-term outcome of vaginoplasty with the bilateral labioscrotal flap. J Urol. 2009, 182(4 Suppl): 1876-81.

Neugebauer, F L von (1904): Mann oder Weib? Sechs eigene Beobachtungen von Schweinzwittertum und »Erreur de sexe« aus dem Jahre 1903. Zentralblatt für Gynäkologie, 1904, 2: 33-51.

Oswiecimska JM et al. (2009): Effects of feminizing surgery for ambiguous genitalia - a novel scale for evaluation of cosmetic and anatomical results. Neuro Endocrinol Lett. 2009, 30(2): 262-7.

Parallelbericht (2011): zum 5. Staatenbericht der Bundesrepublik Deutschland zum Übereinkommen gegen Folter und andere grausame, unmenschliche oder erniedrigende Behandlung oder Strafe (CAT). Online: http://intersex.schattenbericht.org/public/Schattenbericht_CAT_2011_Intersexuelle_Menschen_e_V.pdf. (Zugriff: 3.3.2012)

Pettersson A et al. (2007): Age at surgery for undescended testis and risk of testicular cancer. N Engl J Med. 2007, 356(18): 1835-41.

Richter-Appelt, H (2007): Intersexualität. Störungen der Geschlechtsentwicklung. Bundesgesundheitsblatt 2007, 50: 52-61.

Rynja SP et al. (2009): Long-term followup of hypospadias: functional and cosmetic results. J Urol. 2009, 182(4 Suppl): 1736-43.

Schiebinger, L (1993 [engl. 1989]): Schöne Geister – Frauen in den Anfängen der modernen Wissenschaft. Stuttgart: Klett-Cotta.

Schochow, M (2010): In den Leib geschnitten. Produktionsformen des biologischen Geschlechts. Österreichische Zeitschrift für Geschichtswissenschaften, 2010, 21 (1): 10-36.

Schönbucher VB et al. (2008): Psychosocial adjustment, health-related quality of life, and psychosexual development of boys with hypospadias: a systematic review. J Pediatr Psychol. 2008, 33(5): 520-35.

Schönbucher V et al. (2010): Sexual Quality of Life of Individuals with 46,XY Disorders of Sex Development. J Sex Med. 2010 (Epub).

Sircili MH et al. (2006): Anatomical and functional outcomes of feminizing genitoplasty for ambiguous genitalia in patients with virilizing congenital adrenal hyperplasia. Clinics (Sao Paulo). 2006, 61(3): 209-14.

Sircili MH et al. (2010): Long-term surgical outcome of masculinizing genitoplasty in large cohort of patients with disorders of sex development. J Urol. 2010, 184(3) :1122-7.

Vidal I et al. (2010): Surgical options in disorders of sex development (dsd) with ambiguous genitalia. Best Pract Res Clin Endocrinol Metab. 2010, 24(2): 311-24.

Voß, H-J (2010): Making Sex Revisited: Dekonstruktion des Geschlechts aus biologisch-medizinischer Perspektive. Bielefeld: Transcript Verlag.

Voß, H-J (2011): Geschlecht: Wider die Natürlichkeit. Stuttgart: Schmetterling Verlag.

Walsh TJ et al. (2007): Prepubertal orchiopexy for cryptorchidism may be associated with lower risk of testicular cancer.): J Urol. 2007, 178(4/1):1440-6.

Wang WW et al. (2009): Long-term sexual activity status and influencing factors in men after surgery for hypospadias. Asian J Androl. 2009, 11(4): 417-22.

Warne G et al. (2005): A long-term outcome study of intersex conditions. J Pediatr Endocrinol Metab. 2005, 18(6): 555-67.

Wood HM, Elder JS (2009): Cryptorchidism and testicular cancer: separating fact from fiction. J Urol. 2009, 181(2): 452-61.

Zick A, Küpper B, Hövermann A (2011): Die Abwertung der Anderen. Eine europäische Zustandsbeschreibung zu Intoleranz, Vorurteilen und Diskriminierung. Berlin: Friedrich-Ebert-Stiftung.

Zwischengeschlecht (2011): Stellungnahme »Medizinische Behandlung – Indikation – Einwilligung«. Online: http://zwischengeschlecht.org/public/Zwischengeschlecht_Statement_Ethikrat_1.pdf (Zugriff: 3.3.2012)

unrast transparent

rechter rand

Andreas Kemper

(r)echte Kerle

Zur Kumpanei der MännerRECHTSbewegung

ISBN 978-3-89771-104-4 | 72 Seiten | 7.80 Euro

Jörg Kronauer

»Schlesien bleibt unser!«

Ein kritischer Überblick aus antifaschistischer Sicht

Vertriebenenverbände und die extreme Rechtet

ISBN 978-3-89771-100-6 | 80 Seiten | 7.80 Euro

Jürgen Peters & Christoph Schulze (Hg.)

»Autonome Nationalisten«

Die Modernisierung neofaschistischer Jugendkultur

ISBN 978-3-89771-101-3 | 72 Seiten | 7.80 Euro

Bernhard Schmid

Die Neue Rechte in Frankreich

ISBN 978-3-89771-102-0 | 72 Seiten | 7.80 Euro

Felix Krebs & Jörg Kronauer

Studentenverbindungen in Deutschland

Ein kritischer Überblick aus antifaschistischer Sicht

ISBN 978-3-89771-107-5 | 80 Seiten | 7.80 Euro

Christoph Schulze & Ella Weber (Hg.)

Kämpfe um Raumhoheit

Rechte Gewalt, »No Go Areas«
und »National befreite Zonen«

ISBN 978-3-89771-109-9 | 72 Seiten | 7.80 Euro

UNRAST Verlag | Postfach 8020 | 48043 Münster
www.unrast-verlag.de | E-Mail: info@unrast-verlag.de